周作人著作

木片集

钟叔河——编订

岳麓書社·长沙

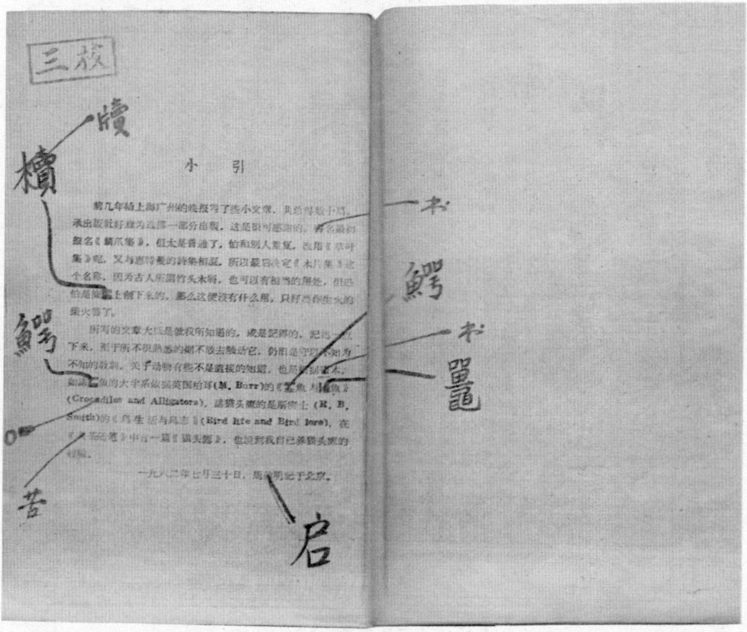

《木片集》校样

岳麓书社开始重印

周作人著作

人归人，文归文。周作人其人的是非功过是另一问题，其书的主要内容是对传统文化和国民性进行反思，对中国——西方和中国——日本的文化历史进行比较研究，今之读者却不可不读。岳麓书社以编印《知堂书话》《知堂序跋》《知堂杂诗抄》之熟手，已经开始重印周作人的全部著作，1987—88两年内全部出齐，力求：

书价最便宜　　装帧最大方　　校订最精审

“民国”时期尤其是沦陷时期所印书，错字甚多。岳麓书社决定由编审亲任周氏著作的校订，对原印本错字悉予改正，同时仍列出勘误表，记载原有错讹，以便对勘，且示负责。各书均分单本平装、合订精装两种版本，一利卧读，一利庋藏。周氏的集外文和未刊稿，亦正请上海黄裳、北京舒芜、香港黄俊东、新加坡郑子瑜诸先生协助整理，由本社初版印行。特此广告，请读者速向当地新华书店预订。本社即将请各省市书店统一报数。

自己的园地	0.99元	大32开精装 合订本3.90元
雨天的书	0.90元	
泽泻集	0.50元	
过去的生命	0.45元	
谈龙集	0.90元	大32开精装 合订本3.95元
谈虎集	1.66元	
永日集	0.81元	大32开精装 合订本3.90元
看云集	0.95元	
夜读抄	0.90元	
苦茶随笔	0.99元	大32开精装 合订本4.35元
苦竹杂记	1.05元	
风雨谈	0.90元	
瓜豆集	0.99元	大32开精装 合订本3.95元
秉烛谈	0.81元	
药堂语录	0.45元	
药味集	0.70元	
药堂杂文	0.90元	大32开精装 合订本3.60元
书房一角	0.95元	
秉烛后谈	0.80元	
苦口甘口	0.85元	大32开精装 合订本4.00元
立春以前	0.95元	
过去的工作	0.54元	
知堂乙酉文编	0.75元	
知堂回想录	2.90元	（精装）4.50元
欧洲文学史	0.78元	大32开精装 合订本4.00元
艺术与生活	1.25元	
儿童文学小论	0.53元	
中国新文学的源流	0.55元	

〔以下系初版新书，不属重印〕

知堂集外文编（上、下）	7.00元
知堂书话（上、下）	6.00元
知堂序跋	3.20元
知堂杂诗抄	0.80元
儿童杂事诗（丰子恺插图）	1.20元

编者的话

钟叔河

一九八七年一月三日《光明日报》上，岳麓书社刊出了我拟稿的一帧广告（左图），宣布了书社和我对重印周作人著作的观点：

“人归人，文归文。周作人其人的是非功过是另一问题，其书的主要内容是对传统文化和国民性进行反思，对中国—西方和中国—日本的文化历史进行比较研究，今之读者却不可不读。……”

随即便开始出书。既出周作人著作的单行本，也出精装合订本。两年之间，出了二十四种。

书当然不是想出便能出的，得按规矩，走程序。周家授权了，报告批复了，宋木文、杨牧之、伍杰各位领导都当面或来信表示应允和支持了，便能够出了。

出就得出好。当时强调了两条：（一）因为均系据旧本重印，所以一定要认真校订，尽力改正旧本误植失校的错误；（二）因为手稿不存，无法对勘，所以一定要详出校记，改动处一概保留原文，承担责任。

这两条，读者看来大都是认可的。直到如今，在旧书网上，八十年代“岳麓版”的周作人著作，始终都卖得不错。

现在，岳麓书社决定又来出版周作人著作，仍然要我负责编订，做法则一仍其旧。主要还是这些书，还是这两条，新的广告也就不必再做了。

鄢琨君三十年前和我同编了这些书，此次仍然合作，蒋浩君也参加了进来。校记原列表在书末，如今改作尾注。二君新增校改之处，分别标出“鄢校”“蒋校”，特此说明，并志感谢。

二〇一八年五月十五日于长沙。

出版题记

《木片集》，署周启明著，收文四十八篇，有小引，云“前几年给上海广州的晚报写了些小文章……承出版社好意为选择一部分出版”。但事实上这好意并未兑现，只留下一份百花文艺出版社没能印成书的“一九六二年十二月第一版”的校样，今即据以印行。

小引所谓的“小文章”，是和作者以前戏称为“大品正宗文字”相对而言的。一九四九年后，他不再写“大品正宗文字”了。先是在《亦报》上写写《饭后随笔》《呐喊衍义》，不到三年即告中断。一九五六年后，才又有《关于目连戏》《塞浦路斯》《复辟逃难的回忆》《不倒翁》等篇，在《人民日报》《文汇报》《北京日报》《人民文学》上刊出，也就是收入本集的这些了。

集中文字，以曾刊《新民报晚刊》（后改名为《新民晚报》）者为多，有《〈唐诗三百首〉》《兰亭旧址》等二十六篇；刊《羊城晚报》者次之，有《蔡孑民》《夸父追日》等十二篇，这大概就是小引中特别提到“上海广州的晚报”的原因。

但“小文章”的行时亦只是回光返照，《木片集》的未能出版，即是证明也。

二〇二〇年六月六日，锺叔河。

目录

《木片集》小引

前几年给上海广州的晚报写了些小文章，共总得数十篇，承出版社好意为选择一部分出版，这是很可感谢的。书名最初拟名为《鳞爪集》，但太是普通了，怕和别人重复，改用《草叶集》呢，又与惠特曼的诗集相混，所以最后决定《木片集》这个名称，因为古人所谓竹头木屑，也可以有相当的用处，但恐怕是简牍上削下来的，那么这便没有什么用，只好当作生火的柴火罢了。

所写的文章大抵是就我所知道的，或是记得的，记述一点下来，至于所不很熟悉的则不敢去触动它，仍旧是守以不知为不知的教训。

关于动物有些不是直接的知道，也是根据书本，如讲鳄鱼的大半系依据英国柏耳（M. Burr）的《鳄鱼与鼍鱼》（*Crocodiles and Alligators*），讲猫头鹰的是斯密士（R. B. Smith）的《鸟生活与鸟志》（*Bird Life and Bird Lore*），在《苦茶随笔》中有一篇《猫头鹰》，也说到我自己养猫头鹰的经验。

一九六二年七月三十日，周启明记于北京。

复辟避难的回忆

世人常说，老年人喜欢回忆旧事，既然大家多是这么说，当然有一定的真实性。可是在我个人说来，却未必真是如此。我回顾过去的六十多年，正是中国多灾多难的时节，单举出荦荦大者来说，前清甲申（一八八四）的中法之战，甲午（一八九四）的中日之战，接着是庚子（一九〇〇）的义和团事件，吃了帝国主义者很大的亏。国内的事有辛亥革命（一九一一）后的不安和洪宪帝制事件，北洋政府的争权，酿成张勋复辟以及一联串的皖直、奉直之战，都是在北京一带发动的。这些事情都已过去了，现在三十岁以下的青年一样都没有碰到，这是很幸运的。我们只有羡慕他们，对于自己不愉快的经验毫无可以留恋的地方。不过从别方面来说，知道一点也并不是全无用处的，特别是对于没有经过这些事情的青年们。我于一九一七年来到北京，那洪宪的一幕已经过去，就我所知道的事情来说，只好从张勋的复辟说起了。

我于一九一七年即民国六年的四月来到北京，正是黎元洪当大总统、段祺瑞当国务总理，摩擦得很厉害的时候。各省的督军都同段是一气的，出来说话给他撑腰，由江苏的张勋和安徽的倪嗣冲为头，开了督军团会议，而且这班军阀逐渐由徐州来到天津，末了张勋终于带了他的辫子兵入驻北京了。本来我们火车路过徐州，看见车站上拖了辫子扛着枪的兵便觉得恐怖，现在却开到北京来了，就驻扎在天坛里。我那时是在北京大学附设的国史编纂处任事，有一天特地跑去找校长蔡孑民，问他对于时局的看法。他也不说好坏，以简单明了的回答，只要不复辟. 他总是不走的。这话的预兆虽然不大好，但多少总给了我们一点安心。这记得是六月二十六日的事情。

七月一日是星期日，因为是夏天，鲁迅起来得相当的早，预备往琉璃厂去。给我们做事的会馆长班的儿子进来说道，外边都挂了龙旗了。这本来并不是意外的事，但听到了的时候大家感到满身的不愉快。当时日记上没有记得详细，但是有一节云："晚饮酒大醉，吃醉鱼干，铭伯先生所送也。"这里可以看见烦闷的情形。鲁迅的有些教育界的朋友最初打算走避，有的想南下，有的想往天津，但是三四天里军阀中间发生分裂，段祺瑞在马厂誓师，看来复辟消灭只是时间问题，我们既然没有资力迁移，所以只好在北京坐等了。

段派李长泰的一师兵逐渐逼近北京，辫子兵并不接战，只向城里退，结果是集中在外城天坛和内城南河沿张勋的住宅附近一带。从六日起城内的人开始往来逃难，怕的不是巷战的波及，实在还是怕辫子兵的抢劫罢了。我们也于七日由会馆搬往东城，日记上记的很简单，略抄录数项如下：

> 七日晴，上午有飞机掷弹于宫城。十一时同大哥移居崇文门内船板胡同新华饭店。
>
> 九日阴，夜店中人警备，云闻枪声。
>
> 十二日晴，晨四时半闻枪炮声，下午二时顷止，闻天坛诸处皆下，复辟之事凡十一日而了矣。晚同大哥至义兴局吃饭，以店中居奇也。

案义兴局系齐寿山君家所开的店铺，在东裱褙胡同。鲁迅日记第六册同日所记可供比较参考：

> 十二日晴，晨四时半闻战声甚烈，午后二时许止，事平，但多谣言耳。觅食甚难，晚同王华祝、张仲苏及二弟往义兴局，觅齐寿山，得一餐。

至十四日，遂由新华饭店复搬回会馆来了。

那一天里枪炮声很是猛烈，足足放了十小时，但很奇怪的是，死伤却是意外的稀少，谣言传闻说都是朝天放的，死的若干人可能都是由于流弹。东安门三座门在未拆除之前，还留下一点战迹，在它的西面有些弹痕，乃是从南河沿的张公馆向着东南打过来的。烧残的张公馆首先毁去，东安门近年也已拆去，于是这复辟一役的遗迹就什么都已看不到了。

《语丝》的回忆

说起《语丝》，于今已经隔了三十多年的光阴。在中年的人听来，已有生疏之感，更不要说少年的朋友了。但是提及鲁迅与“正人君子”的斗争，却以这为根据地，所以一说它的历史，也不是没有意义的事吧。“五四”原是学生的爱国政治运动，由大学生开始，渐及中小学，末了影响及于工商界，要罢市罢工表示援助，这才算顺利成功，没有什么牺牲。这件事表面上是结束了，影响却是很广大，浸渗得很深，接着兴起了所谓新文化运动，这名称不算怎么不恰当，因为它在文化上表现出来，也得到不小的结果。这以前有《新青年》和《每周评论》，差不多是孤军奋斗，到了五四以后才成为“接力战”的状态，气势便雄厚起来了。《语丝》乃是其中的一支队伍，可是要说它成立的缘因，却非得从《晨报副刊》讲起不可。

鲁迅逝世二十周年纪念的前后，有好些讲《语丝》的文章发表，就我所见到的来说，写得最好的要算章川岛、孙伏园，他们都是参与这刊物发刊的事的。《晨报》本来是研究系的政党机关报，但是五四时期也相当援助这个运动；孙伏园因罗家伦关系进了《国民公报》，后转入《晨报》社，主管第五版，登载些随感杂文，鲁迅也时常投稿，很有点新气象。孙伏园后来主编新增的副刊，益得发挥他的编辑手段，声价日增；鲁迅有名的《阿Q正传》，就是在那上边发表的。可是后来孙伏园被排斥去职，由陈源的友人徐志摩继任，于是《晨报副刊》全然改换了一副面目，差不多成为《现代评论》的日刊了。

孙伏园失了职业，于他固然很是困难，但不久由邵飘萍请去，担任《京报副刊》的编辑。可是以前在《晨报副刊》写文章的人终有点不平，计划自己来办一个小刊物，可以自由发表意见。查日记一九二四年十月二十四日项下云：

> 下午至东安市场开成北号楼上，同玄同、伏园、川岛、绍原、颉刚诸人，议出小周刊事，定名曰《语丝》，大约十七日出版，晚八时散。[1]

【锺校】

①查影印本日记，这一节记事在十一月二日，不在十月二十四日。

十一月十六日项下云："下午至市场赴《语丝》社茶会，至晚饭始散。"那一天是星期，可见后来《语丝》是改在星期出版了。同人中本来还有刘半农、林语堂、俞平伯等人，那一天不知何以不见。记得刊物名字的来源，是从一本什么人的诗集中得来，这并不是原就有那一句话，乃随便用手指一个字，分两次指出，恰巧似懂非懂的还可以用。这一个故事，大概那天与会的人都还能记得。至于第一期上的发刊词，系大家叫我代拟，因为本来说不出一个什么一定的宗旨，所以只好说得笼统，但大体上也还是适合的。到后来和《现代评论》打架的时候，《语丝》举出两句口号来："用自己的钱，说自己的话"，也还是同样的意思，不过针对《现代评论》的接受官方津贴，话里有刺罢了。

《语丝》的文章古今并谈，庄谐杂出，大旨总是反封建的。但是等到陈源等以"正人君子"的资格出现，在《现代评论》上大说其"闲话"，引起鲁迅的反击，《语丝》上这才真正生了气，所以回忆《语丝》这与"女师大事件"是有点分不开的，虽然后来在国民党所谓清党时期也很用了一点气力。陈源的文章说俏皮话的确有点工夫，就只可惜使用在斜路上，为了替代表封建势力的女校长说话，由俏皮而进人刻薄卑劣，实在够得上“叭儿狗”的称呼，但是如果不是鲁迅的这枝刚强有力的笔，实在也不容易打倒他。我自己就曾经吃过一个小亏。有一次陈源对有些人说，现今女学生都可以叫局。这句话由在场的张定璜传给了我们，在《语丝》揭露了出来，陈源急了，在《现代评论》上逼我声明这话来源，本来是要据实声明，可是张定璜竭力央求，不得不中止了，答复说出自传闻，等于认错，给陈源逃过去了。张定璜与“正人君子”本来有交情，有一个时期我也由他的中介与“东吉祥”诸君打过交道，他又两面拉拢，鲁迅曾有一时和他合编过《国民新报》的副刊，也不免受了利用。上面所说的声明事件，川岛前后与闻，在张定璜不肯负责证明陈源的话的时候，川岛很是愤慨；那时《语丝》社在什刹海会贤堂聚会，他就要当场揭穿，经我劝止，为了顾全同事的面子，结果还是自己吃了亏。女师大事件也是一个大事情，多少有些记忆，但是参与的人现在健在，比我更知道得多，也更可信，所以我还是以藏拙为佳了。

蔡孑民

蔡孑民的名字，在现今我们虽然熟习，但那时候(约六十年前，正当光绪戊戌)，老百姓中间，只知道有“蔡元培”的。他在那时不但是个奇人，简直还算得上是个怪物。他是翰林，却又是一个革命党。假如说是“康党”，就是“保皇党”，虽然在正统派看来也是乱党，到底也还讲得过去，但是他是排满的革命党，这道理便太费解了。一个人点到翰林，已是官了，正可竭力的爬上去，为什么还要这样乱搞，其居心真不可测了。所以关于他的目的，便有种种推测，一种传布得最广的说法，是说他主张“公妻”，这是我听到的最多的传说。但是这谣言是几时消灭的呢?我也不曾留意，事实上就这样消灭了，因为原来只是谣言，而且事实胜于雄辩，蔡孑民这人别的不说，道学气比较重，他于男女关系是向来不苟的。他在前清所著的书，流传下来的，乃是一册《中国伦理学史》。

他受古人的影响第一个是俞理初，这是主张男女平权的，他说寡妇可以再嫁，反对守节，那么那种谣言之来也不是全无根源的了。

蔡孑民于革命之后，担任教育总长，他一上台就废止读经，停止祭孔，这是了不得的一件大事，自此以后儒教的势力一蹶不振，虽然有好几次反动，也总翻不过来了。他的大主张是“美育代宗教”，但这没有多大成功，因为宗教总是宗教，归根结蒂脱不了迷信，不是美术或是什么别的东西所替代得来的。

蔡孑民的主要成就，是在他的大学教育。他实际担任校长没有几年，做校长时期也不曾有什么行动，但他的影响却是很大的。他的主张是“古今中外”一句话，这却是很有效力，也是最得时宜的。因为那时是民国五年（一九一六），袁世凯刚死，洪宪帝制虽已取消，北洋政府里还充满着乌烟瘴气。那时是黎元洪当总统，段祺瑞做内阁总理，虽有好的教育方针，也无法设施。北京大学里其时国文科只有经史子集，外国文只有英文，教员只有旧的几个人，这就是“古”和“中”而已，加“今”和“外”这两部分，便成功了。他于旧人旧科目之外，加添了新的人和新的科目，于是经史子集之外，有了戏曲和小说，章太炎的弟子黄季刚，洪宪的刘申叔，复辟的辜鸿铭之外，加添了陈独秀、胡适之、刘半农一班人，英文之外也加添法文、德文和俄文了。古今中外，都是要的，不管好歹让他自由竞争，这似乎也不很妥当，但是在那个环境，非如此说法，“今”与“外”这两种便无法存身，当作策略来说，也是必要的。但在蔡孑民本人，这到底是一种策略呢，还是由衷之言，也还是不知道，不过在事实上是奏了效，所以就事论事，这古今中外的主张在当时说是合时宜的了。

但是，他的成功也不是一帆风顺的。学校里边先表示不满，新的一边还没有表示讨嫌旧的意思，旧的方面却首先表示出来了。最初是造谣言，因为北大最初开讲元曲，便说在教室里唱起戏文来了，又因提倡白话的缘故，说用《金瓶梅》当教科书，这当然完全是谣言。其次是旧教员在教室中谩骂，别的人还隐藏一点，黄季刚最大胆，往往昌言不讳。他骂一般新的教员附和蔡孑民，说他们“曲学阿世”，所以后来滑稽的人便绰号蔡孑民叫“世”，如去校长室一趟，自称去“阿世”去。知道这名称而且常常使用的，有马幼渔、刘半农诸人，鲁迅也是其中之一，往往见诸书简中，成为一个典故。报纸上也有反响，上海研究系的《时事新报》开始攻击，北京安福系《公言报》更是猛攻，后来由林琴南来出头，写公开信给蔡孑民，说学校里提倡非孝，要求斥逐陈、胡等人。蔡答信说，《新青年》并未非孝，即使主张也是私人的意见，只要在大学里不来宣传，无法干涉。两面相持不下，林氏老羞成怒，大有借当时实力派徐树铮的势力来加干涉之势。在这时期“五四”风潮勃发，政府忙于应付大事，学校的新旧冲突总算幸而免了。

蔡孑民后来又做过大学院院长，没有做出什么事来，他的成绩要算在北京大学为最大了。但是，我重复的说，他的古今中外的主张，只有在那时适用，也最著成效，但即此一节，也就够了。他是国民党中的一个异己分子，在抗战期间也没有到重庆去，是一九四〇年在香港九龙去世的。他是我们的前辈，但并不摆架子，也很有风趣，曾作打油见和，末云：“乐事追怀非苦话，容吾一样吃甜茶。”其时已年七十，可见兴致还是很好的。

钱玄同

我近来常想能够有工夫写几节《畸人所知录》下来，因为我知道有不少的人，在社会上很有点声名，当作是个奇人，但是据我所知的事实，却实在是平平常常的，觉得有说明的必要。第一个我便举出钱玄同来。

钱夏字玄同，后来又名疑古玄同。我们认识他最初在光绪戊申（一九〇八）年，从太炎先生《民报》社听讲《说文》，那时他还用旧号曰“德潜”，及民国六年在北京相见，已改字曰玄同了。他的初期的特色是复古。文字他主张用小篆，事实上不可能，则改用楷书的笔势写篆书，给太炎先生写刻《小学答问》，后来还有《三体石经考》，也是用的这笔法。写信也是“某人足下，近候何若，……”末了说“某顿首”。至于文章之拟古，那更不用说了。辫子去掉了固然很好，但也不固执的要梳头，只是这袍子马褂的胡服总是不好，要复古一下来穿“深衣”。这根据古书来复制，乃是白布斜领，着起来很有点像“孝袍”，看去有点触目。他却不顾一切，做了一件，穿了到教育司办公，不过这个我并没亲见，只是传闻如此罢了。

第一期的“复古”做得很彻底。第二期便来个“反复古”运动，同样的彻底，不过传播得更广远了。自从“洪宪帝制”以后，一般有心的人都觉得中国这样情形是很危险的，非有一个大的变更不可，接着是欧战结束，便引起了中国的那新文化运动来了。《新青年》便当了这运动的代言人，标榜民主和科学，对于国内事物凡是旧的都在反对之列，举凡人家所称为国粹的，国学、国文、国医、国术、国剧，都被看作“国滓”，一律予以痛击。他的两句口号——“选学妖孽，桐城谬种”，一直为旧学者所痛心疾首，尤其是对于旧道德“纲常”之攻击，更被人视为“洪水猛兽”，欲得而甘心。最有名的林琴南的两篇小说，在《荆生》里假借了荆生这一个旧礼教的保护人，对这班人加以惩创，小说里的“金心异”这人，便是玄同，所以鲁迅后来的文章中，就以金心异作玄同的外号。现在看起来，他对于中国文化遗产的某些方面缺乏理解，这是缺点，但在他那时也是无怪的，当时如稍一让步，便是对于旧派承认妥协，再也不能坚持攻击了。正如征求“青年必读书”的时候，鲁迅坚决地主张现代青年不必读旧书，一部也没有开，所以玄同也赞成将旧书扔进毛厕去。这极端的反复古主义，玄同坚持到底，虽然他在学术上仍旧弄他的文字学。至于经学，则仍然遵从老师崔觯甫的教训，相信今文说，别号“饼斋”，表示乃是“卖饼家”何邵公之徒。关于这一方面的学术问题，著有《重论经今古文学问题》一篇，最有价值，作为标点本《新学伪经考》的序文，登在原书上面。

“经今古文学”的论争乃是反复古运动之一面，发见于经学方面的，在这问题上他坚持下去，一直没有变更，虽然在别的艺术上多少有些让步。他把自己的别号改作“疑古”，表示他的态度。照道理说来，康有为那种《新学伪经考》也是从疑古思想出发的，但是他更推得远一点，不但是经，便是史的方面，也都处处显得可疑罢了。他的思想显得“过激”，往往有人误解，觉得脾气一定乖僻，不好对付吧，其实是不然的。他对人十分和平，总是笑嘻嘻的。诚然他有他的特殊脾气，假如要他去见“大人先生”，那么他听见名字，便要老实不客气的骂起来，叫人下不来台，若是平常作为友人往来，那是和平不过的。他论古严格，若和他讨论现代问题，却又是最通人情世故的。他反对国文和艺术，可是他藏书极多，对于古诗文亦多了解，又善书法，晚年写唐人写经，时时给人家书题封面。说起他来，常把他当作怪人，其实是很平常的，知识广博，趣味丰富，朋友间不可多得的人。

刘半农

刘半农是“五四”以来闻名的名字，但是现在的青年恐怕知道的已经不很多了吧，原因是他在一九三四年就去世了，就是说在近二十几年中间，不曾看见他在文学上的活动。他实在是《新青年》的人物，这不单是一句譬喻，也是实在的话。他本来在上海活动，看到了《新青年》的态度，首先响应，起来投稿，当时应援这运动的新力军，没有比他更出力的了。他也有很丰富的才情，那时写文言文，运用着当时难得的一点材料，他后来给我看，实在是很平凡很贫弱的材料，却写成很漂亮的散文，的确值得佩服。《新青年》的编辑者陈仲甫那时在北京大学当文科学长，就征得校长蔡孑民的同意，于一九一七年的秋天招他来北大，在预科里教国文。这时期的北大很有朝气，尤其在中文方面生气勃勃（外文以前只有英文，添设德法文以及俄文，也是在这时候），国文教材从新编订，有许多都是发掘出来的，加以标点分段，这工作似易而实难，分任这工作的有好几个人，其中主要的便是半农。他一面仍在《新青年》上写文章，这回是白话文了，新进气锐，攻击一切封建事物最为尖锐，与钱玄同两人算是替新思想说话的两个健将。其时反对的论调尚多，钱玄同乃托“王敬轩”之名，写信见责，半农作复，逐条驳斥，颇极苛刻，当时或病其轻薄，但矫枉不忌过正，自此反对的话亦逐渐少见了。

不过刘半农在北大，并不是一帆风顺的。他在预科教国文和文法概论，但他没有学历，为胡适之辈所看不起，对他态度很不好，他很受刺激，于是在“五四”之后，要求到欧洲去留学。他在法国住过好几年，专攻中国语音学，考得法国国家博士回来，给美国博士们看一看，以后我们常常戏呼作刘博士，但是他却没有学者架子，仍旧喜欢写杂文，说笑话。等周刊《语丝》出世，他就加入，与“东吉祥”派的正人君子对抗，这一节也是可以称赞的。他又写文章特别露骨，有些是“绅士”不敢用的字面，所以他虽然有进入绅士队里去的资格，却仍旧是“吴下阿蒙”，插不进足去。他在北大当过多年的教授以后，终于移到辅仁大学里去作教务长了，那大学是陈援庵当着校长，沈兼士当文学院长，都是北大的旧人，但主体乃是天主教，主权全在外国人（当时是德国，后来是美国人）手里，其不得意也可想而知也。他于一九三四年夏中参加学术考察团，到内蒙去，回来生了回归热，因此去世。这是很可惜的，因为他现今若还活着，不过六十多岁呢。

爱罗先珂

读鲁迅的文章，会碰见爱罗先珂的名字，还有一篇小说《鸭的喜剧》是说他的事的，所以来说明几句，或者是有用的事。

爱罗先珂是苏联的乌克兰人，本名耶罗先珂，因为先到日本，那里“野郎”读作耶罗，故而改用“爱”字，及来中国也就沿用了。他最初去到印度、缅甸，学了英文，后来到了日本学会日本语，来北京后曾经学过个把月的中国语，但是随即中止了，叹息道：“难得很！”中国话发音实在难，他那时盖没有久住中国的决心，所以鼓不起勇气来学这样难的语言。

他六岁的时候，因为出麻疹，祖母怕他有危险，抱他到阴冷的教堂里去祷告，以致发高热，人倒没有死，可是两只眼睛却从此瞎了。这个成了他终生的恨事。所以他痛恨宗教的迷信，并且渴慕光明，在他做的戏剧《桃色的云》（鲁迅曾有译本）里，那盲目的土拨鼠（也称地老鼠），即是著者的自身。他于英日文之外，尤擅长世界语，当他从日本被驱逐出来之后，来到上海，北京大学校长蔡孑民便请他来校，教授世界语，寄居在我们家里有一年多。鲁迅尤和他熟习，往往长谈至夜半，尝戏评之曰“爱罗君这捣乱派”。因为他热爱自由解放，喜赶热闹，无论有何集会，都愿意参加，并且爱听青年们热心的辩论，虽然他是听不懂。但在那时北京却听不到，因此他感觉非常寂寞。有一次北京大学开纪念会，学生演剧，他赶去旁听，觉得学生态度有欠诚实处，问鲁迅是什么缘故，鲁迅平常反对京剧，便说这是模仿旧戏的关系。他便写了一篇很尖锐的批评，提出意见，学生们不能接受，由魏建功出面写了《不敢盲从》一篇回答，于“盲”字特别加上引号，表示侮辱的意思。鲁迅因此大怒，加以回击，这篇文章后来收在“全集补遗”里面。后来爱罗先珂因为得到同乡的帮助，与苏联取得联络，便回国去了。

爱罗先珂在中国居住不到两年，留下的影响不多，但也有一点儿。第一，是在鲁迅著作上，上面已经说过。第二，是在世界语运动上边，这也是值得一提的。他在北京大学是专教世界语，并用世界语讲俄国文学。后来又在法政大学设了世界语班，由冯省

三、陈声树几个学生主动，开办世界语学会，并设学校，鲁迅也到这里去讲过学。冯省三是北大法文系学生，跟他学世界语最有进步，已经可以讲话和作文了，可是因为“讲义风潮”受了疑嫌，却被学校除了名。他是很细致而热情的人，写的世界语像刻板一样的清楚，只是脾气有点粗豪的地方。

诗人黄公度

清末的诗人中间，有一个人为我所最佩服，这就是黄公度。公度名遵宪，是广东嘉应州人，曾参与戊戌政变，但是他政治上的主张不及文学上的更为出色。不过讲到诗的问题上，我是个外行，我所以佩服他的，还因他的学问与见识，古人所谓“买椟还珠”，我其实是难免这句话的讽刺的。

黄公度的著作有《日本国志》《人境庐诗草》和《日本杂事诗》这三种，都已有刻本。《日本国志》与《日本杂事诗》看似平常，这里却有黄公度的特色。第一是因为他对中国文化有研究，看日本继承中国文化的地方特别清楚，也很有兴趣。第二又因为他懂得新学，知道凡事应当革新，所以他对于改革能够了解。这两种特色若不能具备，一个人的意见便不免于偏。杂事诗定本序有云：

余所交多旧学家，微言讽刺，咨嗟太息，充

溢于吾耳，虽自守居国不非大夫之义，而新旧同异之见时露于诗中。及阅历日深，闻见日拓，颇悉穷变通久之理，乃信其改从西法，革故取新，卓然能自树立，故所作《日本国志》序论往往与诗意相乖背。

因为定本刊于光绪戊戌（一八九八），已在初版十九年之后，他的对于变法的见解已经大有改进了。如原本卷上七十二论诗云：

几人汉魏溯根源，唐宋以还格尚存，
难怪鸡林贾争市，白香山外数随园。

定本却改作：

岂独斯文有盛衰，旁行字正力横驰，
不知近日鸡林贾，谁费黄金更购诗。

日本人学做汉诗，可以来同中国人唱和，这是中国文人所觉得高兴的一件事，这里黄君却简单的加以取消，无丝毫留恋之意，这在当时是不可及的了。

《人境庐诗草》十一卷是他的诗集，其特色在实行他所主张的“我手写我口”，开中国新诗之先河，此外便不是我所能说的了。我以前曾经得到一种抄本，竹纸绿色直格，每半页十三行，中缝刻“人境庐写书”五字，书签篆文《人境庐诗草》，乃用木刻，当是黄君手笔，书高二十三公分，而签长有二十二公分，印红色蜡笺上。书凡四卷，与刊本比较一下，内容大致与前六卷相同，其中有九十四首乃被删去，当系少作的集外诗，但也很值得收罗，只可惜这个抄本今已失去了。其中也有不少好诗，刊本中有《人境庐杂诗》八首，抄本原有十首，所删第九、十两首昔曾抄存，今录于下，也是人境庐的掌故。

扶筇访花柳，偶一过邻家。
高芋如人立，疏藤当壁遮。
絮谈十年乱，苦问长官衙。
春水池塘满，时闻阁阁蛙。

×

无数杨花落，随波半化萍。
未知春去处，先爱子规声。
九曲栏回绕，三叉路送迎。
猿啼并鹤怨，惭对草堂灵。

读古诗学文言

近来中学教育开始看重文言，在语文教科书中加入些文言教材，因此时常听到诉苦的话，觉得不易搞得好。这无论出自教师，或是学生，我都觉得可以理解的。因为我们这年辈的人，在书房里读过经书，尝过这个甘苦，虽然总算天幸读通了书，懂得一定限度的古文，回想起来实在也是不大容易的。我根据了五六十年前的这一点经验，曾经提出过一种建议，请求对于初学灌输古典文学作品或是文言文的知识，从韵文即是诗歌入手，这比用散文要有效得多。粗粗一想，一定以为旧诗有韵律的约束，经过推敲，很是简练，比较散文要难懂得多了，其实却并不然。文言与白话在用字上固然有古今之分，重要的还是在文法上，文言散文上那一套"虚字"的别扭的规例，在韵文上差不多用不着，即此也就要轻松得多了。空论没有用处，我们且就实例来一说吧。唐朝号称韩文公的韩愈，是所谓唐宋八大家的主干，他的古文是古今驰名的。他的那一套古文，我嫌他有后来的八股气，一直不喜欢它，事实上也读了不好懂。懂了讲不通；可是他的诗，我却并不看轻它，觉得它有些很不差，而且也好懂。我们从《唐诗三百首》中引用他的一首七言古诗来做例，题名《山石》其上半首云：

山石荦确行径微，黄昏到寺蝙蝠飞。
升堂坐阶新雨足，芭蕉叶大栀子肥。
僧言古壁佛画好，以火来照所见稀。
铺床拂席置羹饭，疏粝亦足饱我饥。
夜深静卧百虫绝，清月出岭光入扉。

这十句七[①]十个字里，检点起来，实在只有“荦确”和“疏粝”这两处和白话有区别，需要说明，其馀读去文从字顺，只要略加一二衬字，就可以明白的。我手头没有韩文或是《古文观止》，不能引用他的散文来对比，总之要这么通顺易读的文句，我相信断然没有。其实恐怕并不限于个别的人，一般说来，大抵都是如此，也未可知。随便举一个例，《诗经》头一篇，开头四句云：

关关雎鸠，在河之洲。

【锺校】

①“七”原作“八”。

窈窕淑女，君子好逑。

这是周朝初期的诗，比起孔子在《论语》开头所说“学而时习之，不亦悦乎？”亦要直接得多。固然这里“关关”、“窈窕”，也要若干诠解，但没有“不亦……乎”那样的文法，也是一个长处。四言当然太是简古，经过了五言的阶段，到了七言，似乎中国的诗歌找到适当的工具了。这固然也演变成词和曲，但七言的潜力却是最大，后来许多地方的民歌，以及许多地方戏的唱词也都以此为基本。所以从七言古诗入手，不但是了解文言与文学遗产的一个捷径，而且因为与这些民间文艺相通，了解也就更是容易了。

许多年前见过一部日本木板旧书，名曰《唐诗解颐》，是一个叫作释大典的和尚所著的。他选取了好些唐诗，不加释注，只在本文大字中间夹注一个以至几个的小字，使前后字义连贯起来，这样就可以讲得通了。这个办法并不一定怎么好，但似乎比整个讲解要好一点儿，因为他至少可以让读者自己比拟、咀嚼原文的一部分。鸠摩罗什曾说，翻译经文有如嚼饭哺人；但那是外国文，只有这个办法。若是本国的古典作品，尽可能叫读者自己用力，可以更多的理解原作的好处。有些古书如《书经》之类，的确除非译出来便无法看懂，别的还只宜半注半解的引导一下就好，而入门的工作是重在诗歌韵文，不但如上文所说比较好懂，也更多情趣，不像说理的古文，干巴巴的说的不知道是什么话。从文言韵文入手，可以领导读者到文学遗产里去，从散文入手如不是叫人索然兴尽，便容易引到八股文里去。这我相信不一定只是我个人的偏见吧。

《唐诗三百首》

《唐诗三百首》是古诗文选本最通行的一种，百馀年来，风行全国。至“五四”以后，说它是“陋”书，似乎一时衰歇了。但平心说来，也还是足供参考的，所以近年又复印行。我看去年七月第四版，已经印行十六万册，以人口比例并不算多，但总是洋洋大观了。这选本的缺点不是没有，凡选本皆有缺点，他有一种主张，这里显明的具体的排列出来，容易有什么倾向。编这《唐诗三百首》的蘅塘退士是前清乾隆时人，他的意见只是那时代的东西，与现代不能相合，那是当然的。他序言选择“脍炙人口”的诗，李杜的长篇，王孟的短什，的确是应有尽有了，要他客观的罗列唐诗历期的好处，初盛中晚四期各有它的特色，这未免强人所难，没有人能够做到。在没有这样一种理想的选本以前，姑且以此补充，也未始不是办法吧。

俗语有一句话道："熟读唐诗三百首，不会吟诗也会吟。"当时我颇疑心是有了这书以后的说话，但是看蘅塘退士的序文中已经引用此语，后边接下去云："请以此编验之。"乃知书名反是从这里出来的。有许多人的确从这里知道诗的形式，而且开始仿作，所以这话是有几分道理。

但诗的格调并不限于"唐诗"，有些宋诗也是脍炙人口，可供参考。而宋人的诗另有意境，也有与唐人不同的地方，是很可贵的。从前看孙扩图的《一松斋集》，见随笔中有一则云：

> 南宋杨与立《幽居》诗："柴门阒寂少人过，尽日观书口自哦。馀地不妨添竹木，放教啼鸟往来多。""溪头石磴坐盘桓，时见修鳞往复还。可是水深鱼极乐，不须妄意要垂竿。"余谓有道之言，自尔可爱，唐人不肯作，殆亦不解作也。

这话说得很有道理，我们不必硬来叫唐宋人比短长，但总之宋诗比唐诗又有一进境，便是可以发议论了。照王渔洋的说法，唐诗之佳在于有神韵，发议论便不韵了，不过这种过时的言论，现在并无拘泥之必要。我记得以前有过一部书，名叫《宋元明诗三百首》，不知系何人所编，似乎不妨找它出来一看，翻印一下，以补其缺，也不必要印几万，还是看这书值得印多少，便印多少可也。这对于学做旧体诗会有些好处，因为我看学做的诗与其说学唐人，还不如说是宋人倒相像一点。

唐诗易解

不是为的表示自己年岁老大，认识一堆方块字，有古典文学的知识，要来卖弄，我常喜欢劝人读古诗，从原文去赏鉴它。因为这并不难懂，说也奇怪，实在比古文要好懂得多，只要按字直读下去，大抵可以读懂，不像古文有那些别扭的字法句法和“之乎者也”作怪。这至多要费点工夫，加上衬语和一二替代语，意思便明了。

我们试举唐诗为例，李白、杜甫二家杰作里，选出两篇来看看。

首先是李白的《下终南山过斛斯山人宿置酒》：

暮从碧山下，山月随人归。
却顾所来径，苍苍横翠微。
相携及田家，童稚开荆扉。
绿竹入幽径，青萝拂行衣。
欢言得所憩，美酒聊共挥。

长歌吟松风，曲尽河星稀。

我醉君复乐，陶然共忘机。

其次是杜甫的《赠卫八处士》，因诗较长，所以只选了它的一部分：

昔别君未婚，儿女忽成行。

怡然敬父执，问我来何方。

问答未及已，驱儿罗酒浆。

夜雨剪春韭，新炊间黄粱。

主称会面难，一举累十觞。

…………

试想整整一千二百年前，唐朝天宝时代诗人著[1]作，我们现在还能念得，而且从它的原文里直接享受它的好处，这正是中国说汉语的人的特点，是世界各国所没有的。文学遗产有那么丰富，又是那么易于接受，散文著作可以上溯到几百年前，韵文的还可更早得多，更追溯上去，有些周朝的《诗经》也可懂得，几乎有三千年了。三千年前的诗文至今还可读懂，岂不是世界的美谈么？

不过话得说回来，太高调了，——韵文易懂[2]，

【锺校】

① “著”原作“巨”。

② “太高调了，——韵文易懂”，原作“太高调了韵文易懂”。

也是有毛病的，因为我所举出的例也只有唐诗的少数，而且又以盛唐为主，若是晚唐及宋诗就[①]不免别扭了。也有些诗句很是平易，但却并不容易懂，此乃是由于诗的措词特别之故。例如韦庄的一首《金陵图》：

江雨霏霏江草齐，六朝如梦鸟空啼。
无情最是台城柳，依旧烟笼十里堤。

为什么“六朝如梦”，为什么“无情最是台城柳”，这须要另外说明补充，在于文字的表面之外的了。

【锺校】

①“就”原作“又”。

杜少陵与儿女[①]

我喜欢读陶渊明诗，有许多篇都很喜欢，其一是《责子诗》，诗云：

白发被两鬓，肌肤不复实。
虽有五男儿，总不好纸笔。
阿舒已二八，懒惰故无匹。
阿宣行志学，而不爱文术。
雍端年十三，不识六与七。
通子垂九龄，但觅梨与栗。
天运苟如此，且进杯中物。

对于此诗，古来有好些人有所批评，其中唯黄山谷跋语说得最好：

【镡校】

①本文后来又于1963年10月31日刊香港《新晚报》，文字稍有增补，今悉从之。

观靖节此诗，想见其人，慈祥戏谑可亲[1]也。俗人便谓渊明诸子皆不肖，而渊明愁叹见于诗耳，所谓痴人前不得说梦也。

这里的所谓俗人之中，却有一个杜子美，这很有点儿奇怪。杜诗《遣兴》之三是说陶公的，末二句云："有子贤与愚，何其挂怀抱。"陶诗题目虽是责子，似乎是很严肃的东西，其实内容是很诙谐的，其第五联最是明了，如果十三岁的小孩真是连六与七还不懂，那么这是道地的白痴，岂止不肖而已。山谷说他戏谑，极能了解这诗的意味，又说慈祥，则又将作者的神气都说出来了。嘉孺子而哀妇人，古人以为圣王之用心，却也是文艺中重要成份，便是杜子美自己的著作里也是如此，而且比起别人来还要比较的多些。正如人见了小孩的说话行动，常不禁现出笑容来一样，他们如在诗文图画里出现时，也自有其一种和蔼氛围[2]，这就是所谓慈祥戏谑可亲[3]了。

杜陵野老是个严肃的诗人，身际乱离，诗中忧生悯乱之气最为浓厚，写到家庭的事也多是逃难别离之

【锺校】

①"亲"原作"观"。

②此处原衍"气"字，已删。

③"可亲"原作"的气"。

苦，可是仍有不少歌咏儿童生活的部分，值得抄录出来。如《彭衙行》中云：

　　痴女饥咬我，啼畏虎狼闻，
　　怀中掩其口，反侧声愈嗔。

又《羌村》中云：

　　娇儿不离膝，畏我却复去。

这是说乱后还家的情形的。——关于这两句诗，似乎向来有两种不同的说法，其一是说小孩不肯离膝，怕我会得还要去的，这是我们普通的讲解；至于其二则是说小孩有点怕我，所以虽是不离膝，却是随即走开了。我们并不想来批评这两者的高下，但是根据个人凡俗的看法，还是赞成那普通的一种，觉得较有情趣，又与通篇的意思比较调和的。——又《百忧集行》云：

　　忆年十五心尚孩，健如黄犊走复来。
　　庭前八月梨枣熟，一日上树能千回。

又末云：

　　痴儿未知父子礼，叫怒索饭啼门东。

在《茅屋为秋风所破歌》中云：

　　布衾多年冷似铁，娇儿恶卧踏里裂。

皆写小儿琐事，饶有情致。《北征》中有数联云：

　　见爷背面啼，垢腻脚不袜。

床前两小女，补绽才过膝。

又云：

粉黛亦解苞[①]，衾裯稍罗列。
瘦妻面复光，痴女头自栉。
学母无不为[②]，晓妆随手抹。
移时施朱铅，狼藉[③]画眉阔。
生还对童稚，似欲忘饥渴。
问事竞挽须，谁能即嗔喝。

前八句写女孩子弄妆，与左太冲《娇女诗》可以相比，不过写得更是充分罢了。后四句则与《羌村》所说同一情调，可以见作者的真性情，知道《遣兴》所言未免有客气用事了。七律中也有数处说儿童的，例如：

厚禄故人书断绝，恒饥稚子色凄凉。

×

老妻画纸为棋局，稚子敲针作钓钩。

×

惯看宾客儿童喜，得食阶除鸟雀驯。

【锺校】

①“苞”原作“包”。
②“为”原作“无”。
③“藉”原作“借”。

律诗对句上下分咏，不免零碎，不及古诗之成片段。以上只据《十八家诗钞》中杜诗部分引用，颇多不备，但总可以看见大概情形了。

（九月二十三日寄）

希腊神话

在《卓娅和舒拉的故事》里，有一节叫做《希腊神话》。一天卓娅在店头看见指环上的宝石，问她母亲，知道为什么人们在指环上镶宝石的故事吗？母亲便为她们讲普罗米修斯的事。

这是希腊神话里的一节，我们且引原书的话：

> 我给他们讲，有一次赫尔库列斯救普罗米修斯来了。赫尔库列斯是一个力气很大而且仁慈的人，是真正的英雄，他谁也不怕，连宙斯他也不怕。他用自己的宝剑砍断了把普罗米修斯锁在断崖上的锁链，解放了普罗米修斯。但是宙斯的旨意仍然有效。这些旨意里说，普罗米修斯永远不能摆脱他的锁链，从此锁链的一环带着一块石头就这样留在他的手上了。由那时候开始，为了纪念普罗米修斯，人们就在指头上带镶有宝石的指环。

古人有一种奇异的意见，以为头上戴花圈，指上带环的习惯是用以纪念他们的大恩人普罗米修斯的，因为他曾在高加索的岩石冰雪中间，戴了桎梏，经历三万年之久。宙斯是宇宙大神，曾经立誓永不释放普罗米修斯的，普罗米修斯经赫尔库列斯的干涉而得了解放，可是不至完全毁损了他的权威，所以他命令普罗米修斯在得了自由之后，要在手指上戴着一个用了镣铐的铁与被锁着过的岩石所做成的小环。人们为纪念恩人的受难，自此以后就都戴指环了。

这里所谓古人，大都是纪元前一世纪的罗马文人，善于取神话的小话编织成美丽的故事，这指环的传说也是属于这一类的。唯一的希腊作家所编的《希腊神话》中，关于这一切却是另一样说法，他说："赫耳库列斯射死那吃普罗米修斯的肝的那只鹰，解放了普罗米修斯，他自己择取了橄榄枝作为束缚。"则是救助了普罗米修斯的赫尔库列斯本人，须得替代他所放的囚人束缚起来，这样他选用了他所爱好的橄榄枝。这是戴花圈的起源，与上文相似的另一种美丽的传说。

普罗米修斯上天去给人类偷火，为宙斯所恨，以致受极大的苦难，是人类的极大恩人。但说也奇怪，在希腊却自古并无他的庙宇，他的名字只留存于语言文字，这实是最好的纪念，比任何仪式崇拜更为永久可靠。这是希腊神话的光辉的一页，胜过《旧约》，虽然有《失乐园》等替它摆门面。

关于目连戏

在《人民日报》上见到陈山同志的文章，知道《目连救母》在上海演出，在爱好目连戏的一个绍兴人看来，这是一个很可喜的事情，不必要地说明一句，这目连戏是民间戏剧的很特别的一种，它有好多的缺点，但也自有其长处。它是一部宗教性的戏，有阴沉的落后的一面，但同时也很明朗，富于诙谐。戏的内容极简单，只是救母出地狱。起头傅母造孽，只是必要的说明。戏的本身须得七天七夜才能演完，乃是中间许多插曲，作为目连一路所见，描写出社会上的许多情形，演出滑稽讽刺的场面。还有一层，这是纯粹的民间业馀剧，以前并无一定演员，只是由农人、工人临时凑搭成班，演完就散，一切都是“凑合”，所以服装也很差。绍兴俗语有“目连行头”一语，形容破旧衣服，即从此出。——总起来说，这剧种是很特别的，值得保存研究，加以整理的。但是这很不容易，如不充分了解它的特质，只是理想地去下手整理，容易成为夹板医治驼背的笑话。

据我个人的看法来说，这是一个劝善的宗教剧，我们要想根本上来改造它，发生什么积极的作用，那在事实上恐怕是不可能的。我们为的要保存这特别的民间剧，只好来消极地防止它可能的弊害，例如吃素念佛，斋僧修庙的事。我们应该把救母的事当作一个架子，来挂起那些杂多的插曲，换句话说便是要把傅母造孽下地狱这一节轻描淡写地对付过去，目的只是去引出目连来。傅母反宗教的一点不必太去强调它，因为目连始终以为母亲当救，末了也终于救了出来，这就已经表示对于傅母的是认了。若本是宗教劝善剧，却要用力去扭转过来，变为反宗教（佛教）的戏剧，这一百八十度的转变怕不是容易的事，而且在现今吃素念佛，斋僧修庙的迷信并不盛行的时代，要如此宣传，也未免有点近于无的放矢吧。

目连戏的第二特点，我说过那是它的喜剧性。我觉得中国人向来就爱好喜剧，这广义的喜剧是发现于小说戏曲的大团圆的收场。有些悲剧收场的杰作，如《西厢记》与《红楼梦》，一定有人要续作，使得它团圆为止。旧时绍兴戏不管是什么班，在日场或夜场完结的时候，不管末了演的是什么戏，在角色下场之后，必出来一生一旦，在台前交拜，后台奏着喜乐，观众便预备走散了。这似乎有点庸俗，但我觉得却很有可取，因为这表示中国人民的明朗的性格，爱好和平快乐。还有狭义的喜剧，滑稽的脚色和诙谐的言动，在戏剧与民间艺术上也相当丰富，这我也以为是很好的。占目连全剧十分之九地位的插曲，差不多都是一个个剧化的笑话，社会家庭的讽刺画。这可以说是目连戏的精华部分，也正因为这些使得群众喜欢看，也冲淡了劝善的宗教剧的空气，因为据我想，群众是并不爱听劝善的说教的。如果整理时强调了傅家的事情，改成一出完全的“救母记”，无论艺术工夫多么好，反迷信的作用多么大，总之是“买椟还珠”的作法，目连戏只是一个躯壳罢了。我还是五十年前在长庆寺前的路亭台上看过最后的一次，只演了半日一夜，所以插曲省去了不少，大部分也已忘记了，但是有些还约略记得，如“泥水作打墙”，“张蛮打爹”，还如什么人给地主当佣工，最初说定挑水是十六文一担，后来不知怎么一来，变成了一文十六担了。又如说富家中堂挂着条幅，上写“太阳出起红澎澎”一首猥亵的诗，也满是讽刺的意思；虽然如要整理，这一段自然也只好删改了。

我以为为了保存而整理的工作不可太急进，平常

"不求有功，但求无过"的教训不足为法，但在这里却似乎是可以合用的。我们要尊重群众的创意的加工，尽可能保留那些小喜剧的插曲，宁可把主要的情节（即傅家的事情）多多节略，只要足够当作架子用就好，却把插曲多挂上去。现在不可能接连的演好几天，似乎不妨将保留的多少插曲各个拆开，自由地编插进去，以供一天的演出。我对于戏剧完全是外行，但是知道一点目连戏的性质，觉得保存整理实为必要，而整理的不得法，反要把这剧种毁掉了。西洋的戏剧史和戏剧理论尽管好，用到中国来时，特别是民间特种艺术，却很要慎重，不能全部拿来应用，须要虚心了解并采纳创造以至演出这剧种的地方艺人的意见。切忌凭主观和教条来从事，弄得不好时，这本来奄奄一息的病人会得死于手术之下的。我不懂一切戏剧，本来不配来谈这些问题，只是以绍兴人的资格——这算不得是百家之一，但也总是一种资格——出来替目连戏说两句话，以供参考。

喜剧的价值

我少听京戏，但是对于地方戏却是看了不少，所以也有很多的感触。第一觉得中国“戏文”有一点与别国不同，值得一说的，那便是偏爱喜剧。照普通说法，喜剧可分为广义狭义两种。广义的是团圆结局的戏，虽然中间尽有悲欢离合，近似悲剧的片段，但结末总是欢喜会合，以大团圆收场。从前乡间习惯，开始时必演“八仙庆寿”“赐福”和“踢魁”，继之以“掘藏”，极尽人生的大望，随后开始演戏。到了戏文终了的时候，必定是团圆结局，在整本演出时那无问题，由剧中人表演结婚了事，就是后来不是这样做了，也还是如此表演，譬如一出打仗的戏完了，将军刚刚挺枪进去，接着就出来了一生一旦，匆匆向外边纳头便拜，表示“拜堂”之意，也即是说这一天的戏算是完了。观众也都了解这个意思，在喜乐声中，看见两人交拜，便说“拜堂”了，纷纷准备走散。这种习惯不晓得别处有没有，小时候看绍兴戏文，记得如此，说起来已是五十年前事了。

狭义的喜剧，便是戏剧中滑稽部分，以诙谐的言动，博得观众的一笑。这种喜剧在文艺成绩上不算太多，但在艺术演出上，却很是丰富，我们只须回忆戏文上副净的重要，便可以知道，因为这些喜剧差不多都是由副净来演出的。地方戏上的《五美图》里的老丁，《紫玉壶》里的大[1]师爷，都是极精彩的脚色，是很被观众所欢迎的。

中国人民喜爱喜剧，这便是性情明朗、酷爱和平的表示。世界上有些民族偏爱悲剧，对于人生别有看法，我们也不必表示反对，也只是我行我素，仍旧喜欢我的喜剧罢了。依照这样说法，在旧式戏剧中有不少剧种可以发掘，拿来利用，无须乎往“僵尸”这一类货色中去找噱头，因为在这广大的喜剧项目中，尽可以发见新的材料。

【锺校】

①“大”原作“太”。

《钟馗送妹》

近时文化部将从前所禁止的戏剧二十几种开禁，其中有《大劈棺》《活捉王魁》等，还有全部《钟馗》，以及川剧《钟馗送妹》在内。这事很引起我的一番思索，特别是钟馗的戏，不知道是怎么做法，什么地方不好。我想这大概是迷信，因为全部鬼话，不但是一场出鬼而已。不知道这戏与小说《钟馗捉鬼传》有无相干，若是有的则全本鬼话连篇，难怪在解放初期要成问题了。

关于《钟馗送妹》，那大概是其中的一段落，带着喜剧色彩的吧？须发磔张，状貌可怕的钟馗，据说有一个俊俏的妹子，这配搭得很好，正如苏东坡之有苏小妹，有很好的文章可做。在绘画上确曾有过，看见《海上名人画稿》，内中曾经有过，记得是清溪樵子钱慧安所绘，小妹坐在车内，一鬼推着，钟馗花冠带剑，骑驴跟在后面，鬼挑着行李。这以后别无下文，但在笑话里另有后文，大约是在小妹出嫁后的事了。钟馗生日，妹差一鬼挑担送礼，一头是酒，一头是一个鬼捆做一团，外附一封信云：

酒一坛，鬼一个，送与哥哥做点剁。哥哥若嫌礼物少，连挑担的是两个。

馗阅信毕，便命将两个鬼都送厨房。捆着的鬼对挑担的说道，“我是没有法子，你何苦挑这个担子!”这个笑话见于明朝人的书里，是故意编了来挖苦人的，但也可见钟馗已有妹子存在了。

利用神话来编喜剧，中国人民的智慧是很可佩服的。《闹天宫》之用玉皇大帝、太上老君来陪衬一个毛猴；《天河配》之用西王母来陪衬一对牛女（耕织的男女），都是很大的对比。唯一的宗教剧《目莲救母》，拉得很长，都滑稽化了，要紧的只剩得一场做收束。中国人是乐天明朗的民族，利用迷信做材料，却变成很好的戏剧，看过去豁然都忘了，不让它留着，只当作游戏看去。苏东坡叫人说鬼，答说没得可说，他说“姑妄言之”。这是说鬼，也就是戏中出鬼的妙处。我疑心中国戏上出鬼，多是此意，鬼不显出鬼的可怕，神也不见神的可畏，这是中国戏的特点。

农历与渔历

人们习惯把我国的阴历叫作农历，其实如果真有农民所专用的那么一种历本的话，倒完全应该是现在所通行的阳历。因为大家知道，农民种田与气候的冷暖顶有关系，以节气为标准，而一年四季气候的变化乃是以太阳为依据的，因太阳和地面的远近而定出时来，在这中间划分为二十四节气，这在阳历上都有差不多一定的日期，很是简便适用。

西洋历本上本来有春秋二“分”、冬夏二“至”的期日，把整年分成二十四节，这与古代的一年“七十二候”原来却是中国人民的智慧的创造，但比较起来前者要更切实得多，因为它补充了二“分”二“至”中间的空隙，将全年平均分配，因此更多实用价值。二十四节气的分配既然以太阳为依据，所以日期几乎是一定的，有时相差也不过一日。以前见过歌诀有云：

公历节气真好算，

一月两节不改变：

上半年来五、廿一，

下半年来七、廿三。

这真是简单好记，农民使用起来是最方便的。可是，世间有一种误解，以为二十四节气是阴历特有的东西，所以就把阴历称为农历了。有些新日历及报纸上，特地把节气改成阴历的日子揭载出来，这是违反常识的。

中国农民过去一直依靠节气作为耕作的标准，因为节气表示四时气候的变化，是正确可信的。可是，这根据虽然出于太阳，而当时中国使用的乃是阴历，所以只好把这“一月两节不改变”的二十四节分配给阴历年，结果不但是有时一年两头春，闰月中只有一个节气（或者应当倒过来说，把一月只有一个节气的月份定为闰月），尤其是一年内节气的日期纷乱不堪，如果不拿出历本来查，这些日子就永远没法来记了。

据我的看法。阳历二十四节根据太阳关系算出，最为准确，日期又有一定，容易记忆，最适宜于农民使用，所以这应该称为农历才对，不必再去拉扯阴历出来。

我并不是说阴历可以取消，这也是古代文化遗产之一，在历书中是可以容许它占一席地的。阴历以月亮为依据，每月一度月圆，看了也觉得有意思。至今不问东西国家，这年月的“月”字推究下去还是与月亮分不开的。此外在生活上，月亮也并不是全无影响。有人说这与妇女孕育有关，因为对于医学妇科是外行，不知道怎么样，但是海潮与月亮的关系是不成问题的。小时候生长海边，习闻“初一十五子午潮”的成语；上海解放的那年，我在横浜桥头寄住，每天在小楼上看河水应时随潮涨落，常使我想起唐人的“早知潮有信，嫁与弄潮儿”的两句诗来。

阴历现在对于我们住在城市的人没有多大用处了，但它在别一方面却有很大的作用，即是在海边生活的一群人，他们需要知道潮汛的时刻，准备躲避或是利用。从这一点来看，阴历实在乃是渔历，现今有人称它为农历，这是与事理不相符合的。①

二十四节气是从太阳来的，所以不宜属于阴历，这实在只是非常浅近的科学常识，但是我曾屡次的对人家说，十年来没有人理会。西洋曾有科学家说，许多社会上的道理不是一时改变得过来的，即使最确实

【锺校】

①以下文字为后来于1963年9月9日刊香港《新晚报》时所增。

的科学原理，改变了也与道德经济全无关系的，例如哈耳维所发见的血液循环说，也还是经过了五十年这才为大家所接受呢。将二十四节气正当的划归阳历的运动，看来也就一时难以成功了。

冬至九九歌

夏至、冬至以后，皆有“九九”之说，计算寒暑的变迁。不过夏天人家不大注意，让它一天天的过去就是了。冬天冷得难受，便要计较它，看它冷到怎样程度了。这情形在北方尤其突出。但北京的九九歌我找不着，姑且以苏州的为例，依照《清嘉录》里所载的录出如下：

一九二九，相唤勿出手。

三九廿七，篱头吹觱栗。

四九三十六，夜眠如露宿。

五九四十五，穷汉街头舞。

不要舞，不要舞，还有春寒四十五。

六九五十四，苍蝇躲屋次。

七九六十三，布衲两肩摊。

八九七十二，猫狗躺阴地。

九九八十一，穷汉受罪毕。

刚要伸脚眠，蚊虫蛇蚤出。

这里应有小小说明。“相唤勿出手”的“相唤”，似乎费解，难道互相呼唤要用手乱招的么？这“相唤”乃系古语，现在已不通行，见于《清嘉录》，可见本是吴语，但在宁波、绍兴地方最近还是用着，直到近四十年遂归废弃了。这相唤的意思即是作揖。小说书中则称“唱喏”，盖当初见人作揖的时候，一面嘴里说一句什么话，或是叫一声，所以有此名称。有好古的人要写作“相欢”，实在无此必要。《老学庵笔记》说最初唱喏有声，后来不唱了，称曰“哑喏”。小说里有“唱肥喏”之说，那大约是指两臂作圈那一种拱揖式罢。

其次“八九”这一句里，用了一个替代字，写作“阴”字了，其实应读作去声的。此字本从三点水加一个“阿訇”的“訇”字，读作印。《世说新语》里说王家子弟作吴语，有这个字，意思是说凉而不寒，夏天就棋枰（大概是漆器）去靠肚皮，这一句最能表得出这种感觉。

苏州的这九九歌比别处都好，因为它最能代表穷汉的意思来。别本却说“九九八十一，犁耙一齐出”，只表出农家的事情，这里却说“穷汉受罪毕，刚要伸脚眠，蚊虫蛇蚤出”。与上文的“不要舞，还有春寒四十五”相同，表示出穷人的困难。这里虽然显然经过文人的加工，但表同情于穷汉，可见原来的平民的色彩，也仍然保留着很多的了。

墟集与庙会

程鹤西的《农业管窥》里有一节话，说农谚与气象和社会有关系的，觉得很有意思，抄录于下：

如广西的谚语，一日东风三日雨，三日东风无米煮，和有些地方的，云往东，一场空，云往西，雨沥沥，则不但表现一些气象学上的事实，也还给我们看出一点的社会情形来。我们知道中国东南临海，而西北是大陆高原，所以东风时常挟湿气而俱来，再遇到北来冷气，结而成雨，所以每每东风是欲雨的先兆，至于何以三日东风就会连米也没得呢，因为广西好多地方是三日一墟，而有许多人家是在墟场上买米来吃的，如果连日多雨，不好趁墟，无人卖米，自然有断炊之虞了。

宋长白的《柳亭诗话》卷一有一则云：

柳河东诗，青箬裹盐归洞客，绿荷包饭趁墟

人。洞谓穴居，墟乃市集之所，非身历天南者，

不能悉其风景。

有人指出过：这里把“洞”训为“穴居”，是错误的，“洞”，在广西土语中乃指山峡中的平地，田宅均在其中，“归洞”，是回自己的村里。但由此可知趁墟之俗却是“古已有之”，盖即日中为市而有定期者。这在解放之后，习惯当已有变更，旧日农谚未必适用，俗语所谓“吃甜茶，说苦话”“三日东风无米煮”的话，也就为过去的旧话了。

这一类趁墟或赶集的方法，各地多有存留，或称作“庙会”，于一定的庙宇中聚集，北京有名的东西庙会就是。现今东庙即隆福寺已改为人民商场，只剩下西城的白塔寺及护国寺两处，每逢三至六日在白塔寺，七日至十日在护国寺，是日游人云集，热闹如上海的城隍庙一样。但是这与普通墟集有一样不同的地方，即墟集大都是日用所需的杂物，而在这庙会上所有的却是百货，换句话说，“柴米油盐酱醋茶”开门七件事，在这里是不见的，这与广西的墟便大有不同，所以即使多日下雨，不能开庙会，也不会影响到煮不成饭的。

拂子和麈尾

中国有许多服用器物，古今异制，到今已几乎消灭了，幸亏在小说戏文里，保存着一点，留存下来还可认得。有如笏这东西，只有戏中尚可看到，此外则“朝笏糕干”，在乡下也还有这名称。又如拂子，俗称仙帚，是仙人和高僧所必携的物事，民间也尚有留存，当作赶苍蝇的东西。末了还有麈尾，除了“挥麈”当典故之外，没有人看见过是什么形状。《康熙字典》引《名苑》云：“鹿大者曰麈，群鹿随之，视麈尾所转而往，古之谈者挥焉。”照它的解释，似乎所挥的该是整个的尾，这乃是望文生义的解说，还不如陆佃《埤雅》里所说“其尾辟尘”之明白，虽然或仍未能将它的形状弄清楚。

《世说新语》有好几处讲起麈尾的地方，其一云：

王夷甫妙于谈玄，恒手捉白玉柄麈尾，与手都无分别。

那末这是有“柄”的。又云：

> 孙安国往殷中军许共论，往反精苦，客主无间，左右进食，冷而复暖者数四，彼我奋掷，麈尾悉脱落，满餐饭中，宾主遂至暮忘食。

那末这尾毛又是要脱落的。从这里看来，这麈尾未必是整个的尾巴，或是拂子似的东西，因为这无论如何用力挥舞，尾毛决不会掉下来，更何至满餐饭中呢？须得看它实物的照相，这疑问便立可解决。

中国本国似乎没有这东西了，但在日本正仓院里还有一两把，大约是唐朝以前的遗物，麈尾是掌扇似的东西，柄用白玉或是犀象牙角，上下两根横档，中间横列麈尾，形状像是一个篦箕，可以拂尘，这就是“辟尘”说之所由起。照相里一把是完整的，一把是破了，麈尾大半脱落了，可以想见那主客所用的多少与这相像。

手捉麈尾谈玄，与拿拂子讲经，在现在说来别无多大关系，但把古人生活的一节弄清楚了，也还不是没有意思的事。

笔与筷子

中国筷子的起源，这同许多日用杂物的起源一样，大抵已不可考了。史称殷的纣王始造象箸，不过说他奢侈，开始用象牙做筷子，而不是开始用筷子。要说谁开始使用，那恐怕是燧人氏时代的人吧。为什么呢？因为上古“茹毛饮血”，还是吃生肉的时候，用不着文绉绉的使用什么食具。这一定知道用火了，烤熟煮熟的东西要分撕开来的时候，需要什么东西来做帮助，首先发明手指一般的叉，随后再进一步才是筷子。筷子为什么说是比叉要进步呢？叉像三个手指头拿东西，而筷则是两个，手指愈少愈不好拿，使用起来也更需要更高明的技术了。

在用青铜器的时代，似乎还不使用筷子，因为后世发现青铜器，于钟鼎之外，还没有发见铜箸这类东西。那末这是什么时候起来的呢？这问题须得让考古学家来解决，我不过提出一个意见，觉得可能与使用毛笔是同时发生的，也未可知吧。强调由于食物之不同，粒食的吃饭与粉食的吃面包，未必能说明用筷子与用叉的必要，现在的世界上有许多实例证明这个不确。若用毛笔来作说明，似乎倒有几分可能。中国毛笔始于何时，也没有确说，但秦时蒙恬造笔，总是一说吧。毛笔的使用方法，与筷子可以相通，正如外国人用刀叉的手势，与用钢笔很是相像。举实例来说，朝鲜、日本、越南各国，过去能写汉字，固然由于汉文化之熏习，一部分也由于吃饭拿筷子的习惯，使他们容易拿笔，我想这是可能的。蒙恬造了毛笔，中国字体也由篆变隶，进了一大步，与甲骨文的粗细一致，大不相同。上面我说倒了一件事，似乎大家写字，从执笔学会了拿筷，事实上是不可能如此，正因为拿两枝独立的竹枝，学得操纵笔管的方法，因此应用到笔法上去的。世界上用筷子的大约只有汉民族，正如那样执笔的也只有这一民族吧。

牙刷的起源

《唱经堂水浒传》七十一回，是金圣叹假造的本子，说是施耐庵的原本；有施氏自序一篇，也是他的假托。但里边有几句话，很有意思，可见在金圣叹的时候已是有的：

> 朝日初出，苍苍凉凉，裹巾帻，进盘餐，嚼杨木，诸事甫毕，起问可中，中已久矣。

这里的所谓“嚼杨木”，就是现在的刷牙漱口，大约是唐时的佛教习惯。由中国流传到日本，现在牙刷仍有“杨枝”之称，却把剔牙签叫做“小杨枝”了。在当初大概是兼有此用的。公元十世纪中源顺编纂《和名类聚抄》，引用《温室经》云：“凡澡浴之法，用七物，其六曰杨枝。”由此可见，“杨枝”之名其来已古了。但是这个名称显然是有错误的，正当的应当叫作“齿木”。唐朝义净法师在《南海寄归内法传》内有说明道：

每日旦朝，须啮齿木，揩齿刮舌，务令如法，盥漱清净，方行敬礼。其齿木者，长十二指，短不减八指，大如小指。一头缓须熟嚼良久，净刷牙关，用罢擘破，屈而刮舌。或可大木破用，或可小条截为，近山庄者则柞条葛蔓为先，处平畴者乃楮桃槐柳随意，预收备拟，无令阙乏。少壮者任取嚼之，耆宿者乃椎头使碎。其木条以苦涩辛辣者为佳，嚼头成絮者为最，粗胡菓根极为精也。牙疼西国迥无，良为嚼其齿木，岂容不识齿木，名作杨枝。

西国柳树全稀，译者辄传斯号，佛齿木树实非杨柳，那烂陀寺目自亲观，既不取信于他，闻者亦无劳致惑。

照严格的宗教规矩来讲，这区别确实应当订正，但是在日本、中国通俗用杨枝、杨木的名称，也就可以了吧。佛教法“过午不食”，所以要使口中不留残食，故有此习惯。金圣叹说“进盘餐”之后，才嚼杨木，深得此意。后世的刷牙漱口，只是为清洁，因了牙粉的发明，刷牙剔齿的器材亦因之改变了。就文献上纪录看来，在三百年前即是明末清初，似乎木制牙刷还是存在（但也说不定只是文人弄笔，偶用故典罢了），但近六十年来的记忆，就不甚明了。

我记得刷牙的习惯还是在庚子的次年，进学堂时才学得的。这其时“齿木”的旧习大约已断，故而改称牙刷，纯从卫生上着眼，并无别的意思了。

澡豆与香皂

古时中国洗手，常用澡豆，在古书上看见，不晓得是什么东西，特别是在《世说新语》见到王敦吃澡豆的故事，尤为费解。《世说》卷下《纰漏》篇中云：

> 王敦初尚主，如厕，见漆箱盛干枣，本以塞鼻，王谓厕上亦下果，食遂至尽。既还，婢擎金澡盘盛水，琉璃碗盛澡豆，因倒着水中而饮之，谓是干饭。群婢莫不掩口而笑之。

这里说王敦有点像"刘姥姥进大观园"，或者过甚其词，也说不定。但可见六朝时候，一般民家已经不知澡豆了，大约在阔人家还是用着吧。不过说也奇怪，在唐朝的医书上却又看见，孙思邈的《千金要方》里载有澡豆的方子，用白芷、清木香、甘松香、藿香各二两，冬葵子、栝楼仁[1]各四两，零陵香二两，毕豆

【锺校】

①"仁"原作"人"。

面三升，大豆黄面亦得，右八味捣筛，用如常法。看它多用香药，不是常人所用得起的。六朝时或者要简单的多，只是一种粉末，因为假如香料那末多，王敦恐怕也吃不下去了。这种洗面用豆面中国似乎失传了，但是流传在日本，至今称作“洗粉”，是化妆品的一种。不过我们在《红楼梦》第三十八回，说大家吃螃蟹的地方，有这样的话：“又命小丫头们去取菊花叶儿桂花蕊熏的绿豆面子，预备着洗手。”这显然是一种澡豆，可见在乾隆时还有人用，不过没有这名称罢了。

“香皂”之称亦已见于《红楼梦》。查《千金要方》卷六，列举别种洗面药方，其中已有用皂荚三挺，猪胰五具者，但仍用毕豆面一升，大约诸品和在一起，团成应用，则与北京自制“胰子”相同。三十年前店家招牌，有书“引见鹅胰”者，盖是此物，当时算作上等品物。记得一笔记，记南宋事，皇帝居丧，特别用白木制御座椅子，有人入朝看见，疑为白檀所雕，宫人笑曰，丞相说近日宫中用胭脂、皂荚太多，尚有烦言，怎么敢用白檀雕椅子呢？其时皇宫里尚不用“胰子”，却用皂荚，亦是奇事。这大概是南北习惯不同，北方用猪（鹅）胰，所以俗称“胰子”，香皂亦称“香胰子”。南方习用皂荚，小时候尚看见过，长的用盐卤浸，捣烂使用。一种圆的，整个浸盐卤中，所以通称“肥皂”。但澡豆一名则早已忘记了。

踏桨船

《漫画》九十三期上登载有五个画家的旅行纪事，题曰“野草闲花”，因为系浙东的事情，所以看了很有兴趣。特别是那一张“手足之情”，画宁波的手摇水车与绍兴的脚划船，不独上海人觉得奇怪，想来也实在特殊，尤其用脚踏桨。但是漫画上却弄错了，画作一个人踏着两支桨，空着两只手，并不拿着一张划楫，使得船不能左右进行，这是不合事理的。桨这东西有使船推进的力量，没有别的用处，所以必须画作两脚踏一支桨（在船的右边），另外手里还须拿着一支楫才行，这①才能使船进退自如。

这种踏桨船，据欧阳昱的《见闻琐录》里说，是始于中州周沐润，在太平天国时代，从常熟日往上海报米价。

【锺校】

①“这”原作“也”。

其船长仅丈馀，广仅三尺馀，篷高二尺馀，内仅可卧二人，不能坐，坐即攲侧，驾船者在船头亦卧下，用两脚踏棹行，棹长约七八尺，一踏即二三丈，昼夜可行二百数十里。

这船在绍兴是“古已有之”，周沐润是李越缦的朋友，久居绍兴，知道这船，到常熟做知县时便利用它的便利，乃用以报知米价罢了。陈昼卿《勤馀诗存》中一诗咏踏桨船，注云：

船长丈许，广三尺，坐卧容一身，一人坐船尾，以足踏桨行如飞，向唯越人用以狎潮渡江，今江淮人并用之，以代急足。

时为咸丰辛酉，正是太平天国时期，陈君是山阴人，故所说船的形状不误。欧阳君盖江西人，所说似出传闻，难免有错误。

徐珂在《可言》中记杜次山说[1]，江伯训权知山阴时，以事赴乡，辄棹划舟往，划舟小如叶，舟子坐船尾，以足推桨使进，乘者可坐卧，不可立。

说的也是这种脚踏船，但名称误作“划船”了，划船乃是只用楫划的，大抵无篷，不堪远行。江伯训权知山阴，盖前清宣统年间事，江为人甚奇，说他为

【锺校】

①“杜次山说”原作“杜山次话”。

官清正，可是不廉，所以有“长手包龙图”之称。他要钱决不在会引起民愤的[1]事情上去弄，只在富家的民事案件上去取，正是他的巧妙。他坐脚踏船下乡，也是很妙的事情，这第一是表示不扰民，带去一个书办而已。外乡人要坐这样船，非有决心不可，因为它是很危险的，容易出风险，他能坐得这船，可见是不怕冒险的。

【锺校】

①“的”原作“有”。

泥孩儿

从前在什么书上，看见德国须勒格尔博士说，东亚的人形玩具始于荷兰的输入，心里不大相信，虽然近世的“洋娃娃”这句话似乎可以给它作一个证明。本来这人形玩具的起源当在上古时代，各国都能自然发生，如埃及、希腊、罗马的古坟据说都发见过牙雕或土制的偶人，大抵是在儿童的坟里，所以知道是玩具的性质，另外有殉葬的一种，用以替代活人，那是所谓“俑”了。由是可知，这种玩具的偶人的起源不可能有一定的地方，应是各地自由发展。可是它又很容易感受外来的影响，现时的洋娃娃服装相貌还没有和老百姓一样，宋代曾通称摩侯罗或磨喝乐，此是外来语，大概与佛教有关系，虽然还没有考究出它的来源。这在《老学庵笔记》中称作“泥孩儿”，当是指泥制的孩儿那一种，但别处又见有“帛新妇子”与“磁新妇子”的名称，可见也有一种“美人儿”，比现代的洋娃娃式样更多了。小时候在乡下买“烂泥菩萨”玩耍，有状元，有“一团和气”，还有妇女，通称“老嫚”，即指“堕民”中的女人，因为她们在前朝是贱民，规定世世给平民服役，女人都还穿的古装束，青衣裙青背心，发梳作高髻，称“朝前髻”（平民妇女唯居丧时梳此髻）。土偶作古装，无人能识，所以认错了。现在想起来，这种“老嫚”的烂泥菩萨，着实可以珍重保存，只可惜现今恐怕已经找不到了。

中国历代的“俑”，自六朝至唐，尚留存不少，很可以供给画家和排演电影的人作参考，人形玩具如能保留，亦可有不小用处。但玩具殉葬到底是绝少数，平常玩耍过后全都毁弃，古时玩具无由得见。这不但是实物难得，便是文字纪录，也极不易找，盖由中国文人太是正经，受儒教思想的束缚，对于生活细节，怕涉烦琐，不敢下笔的缘故。汉人在《潜夫论》中有云：“或作泥车瓦狗诸戏弄之具，以巧诈小儿，皆无益也。”可以代表士大夫的玩具观。我们从佛经中看来，印度就要好得多多。如在《大智度论》中说：“人有一子，喜不净中戏，聚土为谷，以草木为鸟兽，而生爱着，人有夺者，瞋恚啼哭，其父知已，此子今虽爱着，此事易离耳，小大自休。”末句轻轻四字，是多么有理解的话。又《六度集经》中记须大拿王子将二子布施给人，王妃悲叹，“今儿戏具，泥象泥牛，泥马泥猪，杂巧诸物，纵横于地，睹之心感。”也说的很有人情。为了儿童的福利，应该发展玩具制作，特别是人形玩具这一部门，古来的“泥孩儿”，“美人儿”，都能有新发展，此外泥车瓦狗，泥马泥猪，也是必要的，这应与新文明的玩具并重，不可落后，因为这些固然是旧的，但正是日常生活中所有的事物。本来想谈谈玩具的事情，却不料只说得偶人这一方面，所以题目也就用了宋人所说的泥孩儿，虽然这一个字不大能够包括人形玩具的全部。

不倒翁

不倒翁是很好的一种玩具，不知道为什么在中国不很发达。这物事在唐朝就有，用作劝酒的东西，名为“酒胡子”，大约是做为胡人的样子，唐朝是诸民族混合的时代，所以或者很滑稽的表现也说不定。三十三年前曾在北京古董店看到一个陶俑，有北朝的一个胡奴像，坐在地上弹琵琶，同生人一样大小。这是一个例子，可见在六朝以后，胡人是家庭中常见的。这酒胡子有多么大，现在不知道了，也不知道怎样用法，我们只从元微之的诗里，可以约略晓得罢了：

遣闷多凭酒，公心只仰胡，
挺胸惟直指，无意独欺愚。

这办法传到宋朝，《墨庄漫录》记之曰：

饮席刻木为人而锐其下，置之盘中左右欹侧，僛僛然如舞状，力尽乃倒，视其传筹所至，酹之以杯，谓之劝酒胡。

这劝酒胡是终于跌倒的——不过一时不容易倒——所以与后来的做法不尽相同；但于跌倒之前要利用它的重心，左右欹侧，这又同后来是相近的了。做成“不倒翁”以后，辈分是长了，可是似乎代表圆滑取巧的作用，它不给人以好印象，到后来与儿童也渐益疏远了。名称改为“扳不倒”，方言叫做“勃弗倒”，勃字写作正反两个“或”字在一起，难写得很，也很难有铅字，所以从略。

不倒翁在日本的时运要好得多了。当初名叫“起来的小和尚”，就很好玩。在日本狂言里便已说及。“狂言”系是一种小喜剧，盛行于十二三世纪，与中国南宋相当，后来通称“达摩”，因画作粗眉大眼，身穿绯衣，兜住了两脚，正是“面壁九年”的光景。这位达摩大师来至中国，建立禅宗，在思想史上确有重大关系，但与一般民众和妇孺，却没有什么情分。在日本，一说及达摩，真是人人皆知，草木虫鱼都有以他为名的，有形似的达摩船，女人有达摩髻，从背上脱去外套叫做“剥达摩”。眼睛光溜溜的达摩，又是儿童多么热爱的玩具呀！达摩的“趺跏而坐”的坐法，特别也与日本相近，要换别的东西上去很容易，这又使“达摩”变化成多样的模型。从达摩一变而成“女达摩”，这仿佛是从“女菩萨”化出来的，又从女达摩一变而化作儿童，便是很顺当的事情了。名称虽是“达摩”，男的女的都可以有，随后变成儿童，就是这个缘故。日本东北地方寒冷，冬天多用草囤安放小孩，形式略同“猫狗窝”相似，小孩坐在里边，很是温暖；尝见鹤冈地方制作这一种“不倒翁”，下半部是土制的，上半部小孩的脸同衣服，系用洋娃娃的材料制成。这倒很有一种地方色彩。

不倒翁本来是上好的发明，就只是没有充分的利用，中国人随后“垂脚而坐”的风气，也不大好用它。但是，这总值得考虑，怎样来重新使用这个发明，丰富我们玩具的遗产；问题只须离开成人，不再从左右摇摆去着想，只当他作小孩子看待，一定会得看出新的美来的吧。

糯米食

在《文汇报》上看到这一节记事：

视察过鲁迅先生故乡绍兴的作家艾芜说，由于制酒等原因，绍兴从来就是缺粮的地方，平均每年总有三四个月的粮食要由外地支援。但是，现在绍兴已变为馀粮县。

这关于故乡的好消息，是值得欢迎的。但是这里有一点误解，说缺粮的一部分原因是因为做酒，是不正确的，须有说明之必要，因为绍兴酒是用糯米做的。

我们小时候所常唱的歌谣里，有两句是绍兴人拿来讥笑醉人的话，说的很得要领，其词曰：

老酒糯米做，吃得变 nyonyo。

这末了的字我用了罗马字，因为实在写不出，写了也没有铅字。这字从双口，底下一个典韦的典字，收在《康熙字典》的补遗里，注云“呼豕声”。这倒有点对的，但云尼迈切，与绍兴音读作尼荷切者迥不相同。绍兴话猪罗称为"nyo 猪"，nyonyo 者亲爱之称也。意思酒醉的人沉醉打呼，与猪无甚区别。由此看来，老酒之用糯米所做，已无问题，从个人幼年经验说来，还曾分得做酒用的糯米团饭吃过，不过老实说来并不高明，因为糯米不甚精白，没有粽子那么好吃。至于本为做酒的团饭，为什么拿来闲吃的呢，那在当时没有问明，所以不知道了。

这里我还知道一件事实，原来那些做酒的糯米，分量着实不少，也并不是绍兴本地的出产，全是外地来的。这件事我从一个过去多年在江南这一带做地方官的朋友听来，他即使别的话靠不住，在这一点上是不会说诳的。据说做老酒的那种原料，悉由江苏溧阳运去，抗战后供应中断，影响出产。古语有云："鲁酒薄而邯郸围。"现在岂不是这话的反证么？

不过老实说来，这糯米做的老酒并不怎么引起我的乡思来，令人怀念的却是普通有的糯米食。北方点心主要是面食，南方则是米食，特别是糯米。粽子不必说了，汤团也罢，麻糍也罢，用的都是糯米粉，还有糕团铺大宗物品，也是如此。这项消耗大约也并不少，仅次于做酒吧，它的供应恐怕也依靠邻省，因为绍兴我不听说什么地方出产，走过的地方也不曾看见种有糯米，说来惭愧，实在糯米只是在米店见到过，还不见过整株的糯稻呢！满口吃着粽子，却还不知做粽子的米是怎样的，这实在是城里人的一种耻辱。

茶汤

我们看古人的作品，对于他的思想感情，大抵都可了解，因为虽然有年代间隔，那些知识分子的意见总还可想象得到，唯独讲到他们的生活，我们便大部分不知道，无从想象了。我们看宋朝人的亲笔书简，仿佛觉得相隔不及百年，但事实上有近千年的历史，这其间生活情形发生变动，有些事缺了记载，便无从稽考了。最显著的事例如吃食。从前章太炎先生批评考古学家，他们考了一天星斗，我问他汉朝人吃饭是怎样的，他们能说出么？这当然是困难的事，汉朝人的吃食方法无法可考，但是宋朝，因为在历史博物馆有老百姓家里的一张板桌，一把一字椅，曾经在钜鹿出土，保存在那里，我们可以知道是用桌椅的了；又有些家用碗碟，可以推想食桌的情形。但是吃些什么呢？查书去无书可查，一般笔记因为记录日常杂事嫌它烦琐，所以记的极少，往往有些食品到底不知是怎样的，这是一个很大的缺限①。现在我们收小范围，只就一两件事，与现今可以发生联系的，来谈一吧。

《水浒传》里的王婆开着茶坊，但是看她不大卖泡茶，她请西门庆喝的“梅汤”和不知是什么的“和合汤”，看下文西门庆说：“放甜些”，可知是甜的东西，末了点两盏“姜汤”了。后来她招待武大娘子，“浓浓地点道茶，撒上些白松子胡桃肉”，那末也不是清茶了，却是一种好喝的什么汤了。这里恰好叫我想起北京市上的所谓“茶汤”了。这乃是一种什么面粉，加糖和水调了，再加开水滚了吃，仿佛是藕粉模样，小孩们很喜欢喝。此外有“杏仁茶”和“牛骨髓茶”，也与这相像，不过那是别有名堂，不是混称茶汤了。我看见这种“茶汤”，才想到王婆撒上些白松子胡桃肉的，大约是这一类的茶了。茶叶虽然起于六朝，唐人已很爱喝，但这还是一种奢侈品，不曾通行民间，我看《水浒传》没有写到吃茶或用茶招待人的，不过沿用茶这名称指那些饮料而已。

据这个例子，假如笔记上多记这些繁琐的事物，我们还可根据了与现有的风俗比较，说不定能够明白一点过去。现在的材料只有小说，顶古旧也不能过宋朝，那末对于汉朝的吃食，没有方法去知道的了。

【锺校】

① “限”原作“恨”。

南北的点心

中国地大物博，风俗与土产随地各有不同，因为一直缺少人纪录，有许多值得也是应该知道的事物，我们至今不能知道清楚，特别是关于衣食住的事项。我这里只就点心这个题目，依据浅陋所知，来说几句话，希望抛砖引玉，有旅行既广、游历又多的同志们，从各方面来报道出来，对于爱乡爱国的教育，或者也不无小补吧。

我是浙江东部人，可是在北京住了将近四十年，因此南腔北调，对于南北情形都知道一点，却没有深厚的了解。据我的观察来说，中国南北两路的点心，根本性质上有一个很大的区别。简单的下一句断语，北方的点心是常食的性质，南方的则是闲食。我们只看北京人家做饺子馄饨面总是十分茁实，馅决不考究；面用芝麻酱拌，最好也只是炸酱；馒头全是实心。本来是代饭用的，只要吃饱就好，所以并不求精。若是回过来走到东安市场，往五芳斋去叫了来吃，尽管是同样名称，做法便大不一样，别说蟹黄包子，鸡肉馄饨，就是一碗三鲜汤面，也是精细鲜美的。可是有一层，这决不可能吃饱当饭，一则因为价钱比较贵，二则昔时无此习惯。抗战以后上海也有阳春面，可以当饭了，但那是新时代的产物，在老辈看来，是不大可以为训的。我母亲如果在世，已有一百岁了，她生前便是绝对不承认点心可以当饭的，有时生点小毛病，不喜吃大米饭，随叫家里做点馄饨或面来充饥，即使一天里仍然吃过三回，她却总说今天胃口不开，因为吃不下饭去，因此可以证明那馄饨和面都不能算是饭。这种论断，虽然有点儿近于武断，但也可以说是有客观的佐证，因为南方的点心是闲食，做法也是趋于精细鲜美，不取茁实一路的。上文五芳斋固然是很好的例子，我还可以再举出南方做烙饼的方法来，更为具体，也有意思。我们故乡是在钱塘江的东岸，那里不常吃面食，可是有烙饼这物事。这里要注意的，是烙不读作老字音，乃是“洛”字入声，又名为山东饼，这证明原来是模仿大饼而作的，但是烙法却大不相同了，乡间卖馄饨面和馒头都分别有专门的店铺，唯独这烙饼只有摊，而且也不是每天都有，这要等待那里有社戏，才有几个摆在戏台附近，供看戏的人买吃，价格是每个制钱三文，计油条价二文，葱酱和饼只要一文罢了。做法是先将原本两折的油条扯开，改作三折，在鏊盘上烤焦，同时在预先做好的直径约二寸，厚约一分的圆饼上，满搽红酱和辣酱，撒上葱花，卷在油条外面，再烤一下，就做成了。它的特色是油条加葱酱烤过，香辣好吃，那所谓饼只是包裹油条的东西，乃是客而非主，拿来与北方原来的大饼相比，厚大如茶盘，卷上黄酱与大葱，大嚼一张，可供一饱，这里便显出很大的不同来了。

上边所说的点心偏于面食一方面，这在北方本来不算是闲食吧。此外还有一类干点心，北京称为饽饽，这才当作闲食，大概与南方并无什么差别。但是这里也有一点不同，据我的考察，北方的点心历史古，南方的历史新，古者可能还有唐宋遗制，新的只是明朝中叶吧。点心铺招牌上有常用的两句话，我想借来用在这里，似乎也还适当，北方可以称为“官礼茶食”，南方则是“嘉湖细点”。

我们这里且来作一点繁琐的考证，可以多少明白这时代的先后。查清顾张思的《土风录》卷六，“点心”条下云：“小食曰点心，见《吴曾漫录》。唐郑傪为江淮留后，家人备夫人晨馔，夫人谓其弟曰：‘治妆未毕，我未及餐，尔且可点心。’俄而女仆请备夫人点心，修诟曰：‘适已点心，今何得又请！’”由此可知点心古时即是晨馔。同书又引周辉《北辕录》云：“洗漱冠栉毕，点心已至。”后文说明点心中馒头馄饨包子等，可知说的是水点心，在唐朝已有此名了。茶食一名，据《土风录》云：“干点心曰茶食，见宇文懋昭《金志》：‘婿先期拜门，以酒馔往，酒三行，进大软脂小软脂，如中国寒具，又进蜜糕，人各一盘，曰茶食。’”《北辕录》云：“金国宴南使，未行酒，先设茶筵。进茶一盏，谓之茶食。”茶食是喝茶时所吃的，与小食不同，大软脂，大抵有如蜜麻花，蜜糕则明系蜜饯之类了。从文献上看来，点心与茶食两者原有区别，性质也就不同，但是后来早已混同了。本文中也就混用，那招牌上的话也只是利用现代文句，茶食与细点作同意语看，用不着再分析了。

我初到北京来的时候，随便在饽饽铺买点东西吃，觉得不大满意，曾经埋怨过这个古都市，积聚了千年以上的文化历史，怎么没有做出些好吃的点心来。老实说，北京的大八件小八件，尽管名称不同，吃起来不免单调，正和五芳斋的前例一样，东安市场内的稻香村所做的南式茶食，并不齐备，但比起来也显得花样要多些了。过去时代，皇帝向在京里，他的享受当然是很豪华的，却也并不曾创造出什么来，北海公园内旧有“仿膳”，是前清御膳房的做法，所做小点心，看来也是平常，只是做得小巧一点而已。南方茶食中有些东西，是小时候熟悉的，在北京都没有，也就感觉不满足，例如糖类的酥糖、麻片糖、寸金糖，片类的云片糕、椒桃片、松仁片，软糕类的松子糕、枣子糕、蜜仁糕、桔红糕等。此外有缠类，如松仁缠、核桃缠，乃是在干果上包糖，算是上品茶食，其实倒并不怎么好吃。南北点心粗细不同，我早已注意到了，但这是怎么一个系统，为什么有这差异？那我也没有法子去查考，因为孤陋寡闻，而且关于点心的文献，实在也不知道有什么书籍。但是事有凑巧，不记得是哪一年，或者什么原因了，总之见到几件北京的旧式点心，平常不大碰见，样式有点别致的，这使我忽然大悟，心想这岂不是在故乡见惯的“官礼茶食”么？故乡旧式结婚后，照例要给亲戚本家分“喜果”，一种是干果，计核桃、枣子、松子、榛子，讲究的加荔枝、桂圆。又一种是干点心，记不清它的名字。查范寅《越谚》饮食门下，记有金枣和珑缠豆两种，此外我还记得有佛手酥、菊花酥和蛋黄酥等三种。这种东西，平时不通销，店铺里也不常备，要结婚人家订购才有，样子虽然不差，但材料不大考究，即使是可以吃得的佛手酥，也总不及红绫饼或梁湖月饼，所以喜果送来，只供小孩们胡乱吃一阵，大人是不去染指的。可是这类喜果却大抵与北京的一样，而且结婚时节非得使用不可。云片糕等虽是比较要好，却是决不使用的。这是什么理由？这一类点心是中国旧有的，历代相承，使用于结婚仪式。一方面时势转变，点心上发生了新品种，然而一切仪式都是守旧的，不轻易容许改变，因此即使是送人的喜果，也有一定的规矩，要定做现今市上不通行了的物品来使用。同是一类茶食，在甲地尚在通行，在乙地已出了新的品种，只留着用于“官礼”，这便是南北点心情形不同的缘因了。

上文只说得“官礼茶食”，是旧式的点心，至今流传于北方。至于南方点心的来源，那还得另行说明。“嘉湖细点”这四个字，本是招牌和仿单上的口头禅，现在正好借用过来，说明细点的起源。因为据我的了解，那时期当为前明中叶，而地点则是东吴西浙，嘉兴湖州正是代表地方。我没有文书上的资料，来证明那时吴中饮食丰盛奢华的情形，但以近代苏州饮食风靡南方的事情来作比，这里有点类似。明朝自永乐以来，政府虽是设在北京，但文化中心一直还是在江南一带。那里官绅富豪生活奢侈，茶食一类也就发达起来。就是水点心，在北方作为常食的，也改作得特别精美，成为以赏味为目的的闲食了。这南北两样的区别，在点心上存在得很久，这里固然有风俗习惯的关系，一时不易改变；但在“百花齐放”的今日，这至少该得有一种进展了吧。其实这区别不在于质而只是量的问题，换一句话即是做法的一点不同而已。我们前面说过，家庭的鸡蛋炸酱面与五芳斋的三鲜汤面，固然是一例。此外则有大块粗制的窝窝头，与“仿膳”的一碟十个的小窝窝头，也正是一样的变化。北京市上有一种爱窝窝，以江米煮饭捣烂（即是糍粑）为皮，中裹糖馅，如元宵大小。李光庭在《乡言解颐》中说明它的起源云：相传明世中官有嗜之者，因名御爱窝窝，今但曰爱而已。这里便是一个例证，在明清两朝里，窝窝头一件食品，便发生了两个变化了。本来常食闲食，都有一定习惯，不易轻轻更变，在各处都一样是闲食的干点心则无妨改良一点做法，做得比较精美，在人民生活水平日益提高的现在，这也未始不是切合实际的事情吧。国内各地方，都富有不少有特色的点心，就只因为地域所限，外边人不能知道，我希望将来不但有人多多报道，而且还同土产果品一样，陆续输到外边来，增加人民的口福。

（一九五六年七月二十七日）

桃子

植物中间说到桃树，似乎谁都喜欢。第一便记起《诗经》里的“桃之夭夭”，一直到后来滑稽化了，作为逃走的一种说法。《诗经》里原来说，“桃之夭夭，灼灼其华”，又云“其叶蓁蓁”，末了云“有蕡其实”，可见花叶都说到的，但后来似乎只着重在结的桃子了。

在果子中间，最为人所喜欢的，只有这桃子，我们只看小孩儿和猴子，在图画里都是捧着一个桃子，却不是什么苹果和梨，这就可以知道了。讲到桃子的味道，的确似在百果之上．别的不说，它有特别一种鲜味，是他种果品所没有的。水蜜桃在桃类不算顶好，因为那种甜美还是平常。记得小的时候吃过什么夏白桃，大个白里带红，它特别有一种爽口的鲜甜味，是桃子所特有的，这令我至今不能忘记。还有一种扁形的，乡下叫它做蟠桃，也有特殊的风味。说到蟠桃，不知那种传说是怎么来的，说九千年结实，吃了可以长生不老，但也可见古人对于桃子的重看了。

陶渊明作《桃花源记》，虽说实有其地，历叙年代地方，但后世人读了，仿佛有一股仙气。他写景色，“忽逢桃花林，夹岸数百步，中无杂树，芳草鲜美，落英缤纷”，特别的出力，也是讲桃花的，盖非偶然。

蝙蝠和猫头鹰[1]

一

有些生物因为天生相貌不好，被人嫌恶，往往遇见无妄之灾，虽然它本性本来是很好的，或者还于人类有益。在这些中间，最好的例子便是蝙蝠。

蝙蝠过去在中国有很好的幸运，可是近来却转了恶运了。因为它的名字与“福”字同音的关系，所以用作吉祥的象征，图画上多画五只蝙蝠，取“五福”的意思，这是除了龟鹤以外，为生物稀有的光荣。但是自从《伊索寓言》进入了中国以后，它的名誉便变坏了。西洋传说，鸟兽之间开战的时候，它左右推托，说有毛不是鸟，能飞不是兽，两边都不参加，成为典型的骑墙派。从蝙蝠的形态来说，这故事说得很

【锺校】

①《羊城晚报》题作《给猫头鹰等说一句话》。

巧妙，可是如要当作事实，这却是不确实的，蝙蝠的相貌虽是难看，但是这譬喻却未免有损它的名誉；正如寓言里的《蝉与蚂蚁》说蝉的懒惰一样，这与中国诗人说它“高洁”，都是不讲事实的一面之词罢了。

同时蝙蝠又有“仙鼠”的异名，俗说乃是老鼠偷油（一说偷盐）吃了所化，所以在最近更遇见了一件意想不到厄运，便是有些人把它算在“四害”之内，当做变相老鼠看待，看见一个打一个。小孩子本来好打蝙蝠，在黄昏时候蝙蝠出现，到处纷飞，吃食飞虫，便多用柔软的枝条呼呼的向空中挥舞，蝙蝠的肉翅稍为触着，即受伤坠落。

其实蝙蝠并不是老鼠一类，更不是它变化出来的，而且现在要讲除四害，更非保护它不可，因为蝙蝠是益兽，专门吃各种虫豸的，它食量又非常大，张着嘴飞舞着，不知道飞一转要吃下多少蚊子苍蝇去。自然它如在北京、上海，没有蝇蚊的城市，也没有多少用处，但在别处地方还是有益的。说应当保护，也没有多少什么麻烦，只要把它看作燕子一样的东西，任其飞来飞去便好了。

二

还有一种别的生物，为人所误解，情形比蝙蝠更为严重，这便是猫头鹰。第一因为它样子难看，叫声不好听，受到人家的厌恶。它因夜间出来的缘故，所以眼睛有一种特别的构造，眼珠大了，头也不能不加大，这是所以成为“猫头”的原因。秃鹫大鹰，尽管有不好看的嘴脸，但这猫脸的鸟总要算第一难看了。它的叫声也有多样，都不讨人喜欢，有一种叫法，宛如叫“掘汪掘汪”似的，从前有些乡下人觉得它是叫“掘坑”，准备下葬，因此听它叫声，便疑是不祥之兆。这只是出于迷信，倒也罢了，迷信一旦解除，就没有事了。

第二是起于古来传说的。这便是说猫头鹰是不孝鸟，它大了要吃母亲；而且学者更加附会，说枭首示众的字即取枭字的本义。这里便把文字说错了，枭首本字乃是州县的县字的左半，篆文是“首”字倒写，枭鸟的字实只是同音借用，这是文字上的证据。再说生物学上的证据，猫头鹰专吃麻雀等小动物，它的习惯[1]是囫囵整个吞下去的，到胃里消化了之后，再把毛骨等作团吐了出来，因此它是不会得啄食的。所以猫头鹰如要食母，必须把老猫头鹰整个吞下肚去才行，这是无论如何做不到的事。许多年前，在乡下住

【锺校】

①“惯”原作“势”。

家，得到一只小猫头鹰，关在笼里加以豢养，当时因为不知道它的习性，是要吞吃皮骨的，而且也没法去捉这些老鼠来喂它，只好买猪肉给它吃，结果却叫它害脚气病而死了。这是我自己的经验，经过实验来的，所以觉得很是可靠。

上文专为猫头鹰辟谣，这里还要给它说些好话，因为它是不折不扣的益鸟，是人类的朋友。

有一个德国的博物学者，曾经检查过猫头鹰所吐出的七百零六个毛团里，查出有二千五百二十五个大鼠、鼷鼠、田鼠、臭老鼠和蝙蝠的残骨，此外只有二十二个小鸟的屑片，大抵还是麻雀。一个人如捕杀二千五百个老鼠，够得上称为捕鼠能手了，这里猫头鹰却默默的做了，岂不更可佩服么？我们在城市住的人，难得遇见猫头鹰的机会，但愿乡村住民加以保护，记住它是益鸟，不加以迫害，那就好了。

麟凤龟龙[①]

麟凤龟龙，自昔称为四灵，算作祥瑞。其中只有乌龟还是存在，蠢然一物，看不出什么灵气。麒麟这东西见于“西狩获麟”的历史，可见事实有过这种动物，而且望文生义的解说下去，可以说它是鹿的一种，那么日本动物学家称动物园里的长颈鹿为麒麟，似乎是有些根据的。古来说它是仁兽，这是的确的，因为以它这庞然大物，却是吃素的，这实是证据，虽然吃草的巨兽此外还有，但牛马因为常见，所以没有什么稀奇，就是塞外的骆驼，也只落得被说肿背的马罢了。麟的出现虽是祥瑞，但是它本身并没有什么怪异的成分，那么它也只是像赤乌白鹿之类，以稀见难得为贵。长颈鹿现在产于非洲，这一类动物的化石在我国曾有发见，其历史也相当古老了。

【镭校】

①本篇又于1963年10月11日刊香港《新晚报》，有增补，今从之。

凤凰是什么鸟，现在不容易解决。凤字的古文就是“朋”字，系是象形，象[①]它羽毛丰盛之貌。《山海经》上也只说：“丹穴山有鸟状如鹤，五采而文，名曰凤。”无非说它毛色好看而已，也没有什么神异。它大约是一种羽毛非常艳丽的鸟类，有如孔雀之属，因为不容易看到，所以后人便[②]锦上添花的加以形容。其中有两样乃系外来影响，不可不加区别。其一是《西游记》里的大鹏鸟，鹏字虽然可以作为凤之别体，但释迦如来的大鹏乃是佛经的“金翅鸟”的变相，是一种要吃龙的大鸟。其二是依据西洋古代的传说，有这么一种神鸟，它生活五百年，随后自己收集香木焚身，再从灰烬中产生出一只小鸟来。这鸟一点都没有与凤凰共同之处，只因名为福尼克斯，被浪漫的诗人拿去与凤凰相接连，故有“凤凰转生”的颂歌。但是这两样都是和凤凰毫无关系的。

现在还剩下一条龙须要研究，这事或者比较麻烦也未可知，因为它的性质复杂，有两个来源。其一是实有的，古代有过记载，这乃是一种爬虫类动物，《左传》述晋史臣蔡墨回答魏献子说，古代有人懂得

【锺校】

①“象”原作“像”。

②“便”原作“更”。

豢龙的，夏朝孔甲时代有龙四条，雌雄各二，有刘累学得豢龙的方法，由他照管。后来一条雌龙死了，刘累腌了送给孔甲去吃，很是好吃，要叫刘累更去寻找，他怕找不到，所以逃了去了。这样看来，可以知道它并不神异，只是很难找到的一种动物罢了。其次则是说它是神物，会得兴云下雨，在《易经》里已是如此说，随后变成龙王爷的信仰。这是本国的渊源，到了唐朝受到佛教的影响，龙王也从原来的“畜生道”升为天上，又加添了龙女，是理想的美人，加以文学描写，以后把龙宫的内容写成天堂一样了。其实龙的本相乃是大蛇，也就是印度有名的眼镜蛇，梵文里称作那伽，即是蛇的意义。佛经里说无论龙王龙女总是不脱三苦，说他睡时现形为蛇，又说虽食百味，末后一口化为虾蟆，这是说得很巧妙的。但是若是照这样所说，那么将使得好些唐人所写如《柳毅传书》的传奇便要减色，这真是杀风景的事了。

四灵之中，麟凤龟三者都没有神化，唯独龙有这样的幸运。这是很奇怪的，一条爬虫有着下巴的，但是经过了艺术化，把怪异与美结合在一起，比单是雕塑牛马的头更好看，这是难得的事情。画图上的水墨龙也很好看，所以龙在美术上的生命，比那四灵之三要长得多了。

乌鸦与鹦鹉

古人观察事物，常有粗枝大叶的地方，往往留下错误，这样地方后人当纠察补正，不宜随和敷衍，继承下去。举一个例，如自然物之伦理化便是。

第一是自然中之无生物，不过近似譬喻罢了，也还没有什么，如《老子》中说："疾风不终朝，暴雨不终日，天地尚不能久，而况于人乎？"第二是生物，这便很成为问题，因为人类的伦理关系不是生物界所有的。最显著的两个例，是羔羊跪乳，与乌鸦反哺。这两句话已经成了口头禅，常听见人说，其实却是错误的，因为与事实不符。我们的确看见，小羊吃奶的时候把两只腿折了跪下来，但是这里跪的意义很不相同。即是人们把跪拜看作很严重的事，乃是人类历史上的近事，羔羊是不会有这种观念的，所以它的折腿完全为的自己的方便，不关道德事的。还有那乌鸦，窝在高树上，很难看得清楚，但是燕子在人家檐下或是堂前做窠，可以看得明白，母燕衔了虫类回窠的时候，小燕子都昂着头，张着嘴，等候哺食，有时小燕的嘴便直伸入母燕的口中去，在头脑混沌的书生见了，可能把它们的关系颠倒了，认为小燕是在反哺哩。生物的生活规则是为种族生存，以求得个体的生存为本，所以在人类以外的动物社会里，伦理第一原则是“子为母纲”，到得知道父母子女相互的关系，规定两方面有互相供养的义务，那是人类特有的伦理，在羊和乌鸦之间是还未曾发见的。

还有，以为动物与人类有同样的理智，所以有同样的技能，这也是错误的。语言是人所特有的一种技能，如今说动物也有，便是幻想，如猩猩及鹦鹉等是。动物园里的黑猩猩虽然能吃大菜、抽雪茄烟种种技艺，却不能说话，这有事实证明。鹦鹉和八哥能够模仿人的说话，这是事实，但它也是模仿为止，不能了解它的意义，来和人对话。中国笔记和小说里说它们懂人讲话，同人一个样子，那是没有根据的。唐人宫怨诗云：

含情欲话宫中事，鹦鹉前头不敢言。

今人题画，五色鹦鹉上题句云：

汝好说是非，有话不在你前头说。

都是不合事实。但唐人做诗尚可，若当作普通道理，则讲不过去，画也只能当作讽刺画看。

蛇

人因为很厌恶蛇，所以忌讳说它，称之曰长虫。这有如唐宋人说老虎，改称它作大虫，本来是由于唐朝的避讳，但宋朝以后的小说上也都沿用。这个理由以色列人有很好的说明，便是夏娃[①]的走出乐园，由于她听了蛇的话，吃了“智慧的果实”，睁开了眼睛，知道自己是裸体；因此上帝罚那蛇永远与女人成了仇敌，而且用肚皮走路，便是从此成为爬虫了。

据他们所说看来，那末蛇在被罚以前，不是那个情状了。究竟是如何样子？《圣经》上没有说。据我的推测，在有人类以来，蛇的尊容可能一直没有多大变化，它之令人厌恶，大约由于它的来源的久远。现存生物中来源久远的，有乌龟与鳄鱼，虽然两者性情不同，那一副古老的相貌着实令人不能亲近。蛇没有

【锺校】

①“娃”原作“蛙”。

那末古老，但是它也是那一路，先天的引起人的反感。这自然也因为有的有毒，若都像壁虎一样，不会咬人，我们也会用手抓它，并不避忌了。

可是我们对于长虫，一面嫌忌，一面也很感到趣味，这是很特别的。我们一查典故书，关于“蛇”的一门，记载特别丰富，有些真的有毒的蝮蛇，已经够新鲜了，什么“灰蝮”“狗屎蝮”“雉鸡蝮”，都很毒的。有些不很真的却更有趣味。譬如像木杵一样，倒掉而行的什么蛇，像一颗圆球似的“弹子蛇”，此外还有鲁迅听阿长讲的“美女蛇”。《山海经》说南方有神曰延维，人首蛇身衣紫衣，大为做《山海经释义》的王崇庆所讥笑，不知这紫衣是如何着法。美女蛇不说穿有衣服，岂非正是延维一类乎？普通人嫌恶长虫，有地方又特别爱好而且喜欢吃它。据说广州以蛇为珍馐，有的讲究吃三条一套，有的加猫称为龙虎，有的加鸡便算龙凤，听说还有种种吃法。不过想起来也并不奇怪，蛇也是鳗一样的东西，只是有些有毒而已，而它的毒原是藏在毒囊中，不注入人的血管里去，是没有什么妨碍的。人们连河豚也要烹食，除去蛇的毒囊来充馔，说来是应该的了。

讲起蛇的事情，临了不能不说到印度，因为在那里蛇最有名，其中的眼镜蛇更是无人不知的。听说有这么一回事，有人开宴会，席上谈论到勇气的问题，是男人还是女人最有勇气，结果似乎都说是男人。在这时候．忽听女主人镇定的叫佣人拿一盘牛奶来。在印度人都知道，叫拿牛奶是意味着屋里有毒蛇，要用这诱它出来，好除灭它。牛奶来了，果然一条眼镜蛇从桌下爬了出来，佣人们很快的收拾了。人们问女主人怎么知道有蛇在屋里，她说它正缠住了她的足踝了呢！经这个事实证明，谁最有勇气又得了一个新的结论了。

扬子鳄

鳄鱼之最早见于中国文献，是为《诗经》，“鼍鼓逢逢”，是说用鳄鱼皮冒的鼓。鳄亦作鼍，俗称猪婆龙的便是。其后唐朝《岭表录异》，记载得很详细，说身土黄色，四足修尾，其大如船，喙长半身，牙如锯齿。但是最有名的，也最是靠不住的，要算韩愈的《祭鳄鱼文》那一段故事了。这事本末具载《宣室志》中，本来是老虎出境、蝗虫出境一类的故事，造出来恭维长官的，只因为他自己写了那一篇祭文，后世所以知道的多了。

世界上鳄鱼大要可分两种，非洲的叫克洛科提鲁斯，美洲的叫阿利伽多耳，原义都是说壁虎，不过一是希腊语，一是西班牙语罢了。鳄鱼与蛇和乌龟都是大洪水以前的生物，年代既老，形状格外地不好看，那头就有半个身子大，张开嘴来，喉咙就同肚皮一样宽，什么东西都吞得下去。非洲鳄鱼最有名的是尼罗河的，长可二丈三尺，亚洲印度的居其次，长约二丈，但是在孟加拉湾至澳洲一带却有极大的鳄鱼，有过三丈二尺的纪录。它的寿命很长，普通两丈长的大抵寿已二百岁，它照常还有八百年可以活下去。它有六十八个牙齿，互相交错，咬力极强，咬得断人的大腿骨。隔得远一点的地方用尾巴打，无论人畜都禁受不住。它的消化力也异常强大，正在吞吃人的鳄鱼，剖开肚子来看，人的下半身还在喉间，吞下的上半身已经骨头都融化了。

鳄鱼性很机警，在岸上略一惊动，便爬下水。据猎人说，它同鹿一样的不容易打。但是非洲本地人有土法子可以捉它，最古的是古希腊希罗多德《史记》上所记的钓法。据说钓的人拿一块猪的背肉挂在钩上，放到河中间去，带着一只小猪打起来，鳄鱼听声跑来，碰着猪肉吞了下去，于是大家把绳拉了起来。可是现在非洲的阿拉伯人用的一种方法，却更是巧妙，而且刻毒，但是用在这人人痛恨的鳄鱼上，谁也不觉得有什么不对了。用一副弹簧，装在什么小动物的尸体里面，丢下水去。鳄鱼吞了下去，肉块消化之后，弹簧立即散了开来，撑住它的肚子，于是就被慢慢的拖到岸上去，用矛子刺死。阿拉伯人猎取它，一部分的理由是报仇，又一部分也想吃它的肉。

以上所讲是普通鳄鱼的情形，中国的扬子鳄并不如此凶恶。它生长在长江中部，沿江的安徽属地方常有人捉到。也不甚希罕，名称仍是鳄鱼，北京动物园现有几匹，标名“扬子鳄”。这是阿利伽多的一属，身长几尺，不会吃人，它的食料大抵只是鱼类，或者是小动物。鳄鱼本来是热带的生物，长江气候不甚适宜，或者因此不能长得很大。广东本来也产，后来却没有了，不知道是什么缘故。

潮州的鳄鱼，据《岭表录异》所记，在唐朝果真存在，经刺史一驱逐，难道当真搬了家了么？我们读古文的人，未必相信吧，因为鳄鱼是不能懂得汉文的。

人熊

人熊这东西，在动物学上找不到，但是在中国的民间故事上，我记得曾经说到过。小时候听人讲过，有旅人遇人熊驱羊群来，被迫与羊群同行，来到人熊的住处。人熊取一人杀食，醉而熟睡（据说人熊吃人就醉），馀一旅人即取木桩烧红，刺入人熊眼中，两眼遂盲。人熊至晓，开门放羊，一一抚其背而后放出，此人急取羊皮，伪装为羊，伏行得逃出云。这个故事，我后来仿佛在清人笔记里看到，记得是《三异笔谈》，但查此书却无其事，当是别的书了。人熊之名记不清它的出处了。总之是指人样的动物，有地方也称它为“狒狒”，是一种很可怕的东西，与猩猩有点相像。

文献上查考类似的故事，最早的要算希腊，在史诗《奥特赛》中，英雄奥突修斯讲他的冒险旅行，他和几个同伴遇见一个巨人，只有一只圆的眼睛在额上，称为“圆目巨人”。他把他们赶进羊群之内，回到家里，吃了两个人，奥突修斯拿出蒲桃酒来给巨人吃，巨人很是满意。问他什么名字，他答说叫“无人”，巨人便应许他留在最后再吃。奥突修斯乘巨人醉卧之后，把他眼睛刺瞎。巨人大叫起来，邻近巨人都出来，问什么事，答说他眼睛给“无人”弄瞎了。邻人说，无人弄瞎，那是自作自受吧，都各自回去。奥突修斯等假装着羊逃走了。希腊纪元前五世纪还有一本喜剧，名叫《圆目巨人》，流传下来。所以这故事相当有名，在阿拉伯故事书《一千零一夜》中，辛巴特故事第三篇也有同样的事，只是要简单得多。其馀各地传流大同小异的故事，总共有三十多篇，但是向来不曾找到中国的传说。我前面所说的正可以补这个缺，但是来源不可查考，我想这条路或者从《一千零一夜》而来，因为它的故事流通得广远，辗转传说，所以离原本也愈加远了。

各本传说，都说是巨人或是一种怪物，但是懂得人话的。中国独说是人熊，似乎是后来的改正说法，因为怪物不近理，所以说是兽了，但其实这是不公平的，因为空想中可以有巨人，无论什么神异，都是许可的。但动物界中却有限制，类人巨猿样子虽是可怕，却是不吃人的。说是熊类，那也不是肉食的吧，所以我怀疑是后来改变的。但是，本来是故事，关于这些也过事认真，也似乎可以不必了。

猩猩的故事

要讲猩猩的故事，也实在多得很。它能够骑自行车，能够像绅士似的坐在大餐桌上吃冰激凌，此外还有些好把戏，就只差一点它不会说话。我现在便要来讲它说话的故事。

我们过去读经书，在《礼记》里便读到它的事，“鹦鹉能言，不离飞鸟，猩猩能言，不离禽兽”。这说它是像人一样的能言，不过尽管如此，它还是不能算是人罢了。后来人们增广附会，便愈加像“煞有介事”了，在清初出版的《照世杯》中，《走安南玉马换猩绒》一篇里有很好的描写。他说猩猩的脸是人面，身子却像猪，又有些像猿，性喜吃酒，又好着高木屐。捕它的人于路旁埋伏，放下浓酒及高屐。猩猩初见那酒，也不肯就饮，骂道：“奴辈设计张我，要害我性命，我辈偏不吃这酒，看他有甚法儿奈何我！”遂相引而去。迟了一会，又来骂一阵，在酒边走来走去，随后对同伴道："我们略尝一尝酒的滋味，不要吃醉好了。"大家齐来尝酒，不觉吃得酩酊大醉，见了高木屐，各各欢喜，着在脚下，还一面骂道："奴辈要害我，将酒灌我们，我们却思量不肯吃醉了，看他有甚法儿奈何我！"捕猩猩的人追上前来，遂尽捕获。看他这描写活灵活现，的确不愧为一篇好作品。又或当它作一段譬喻，讽刺好吃醉而终于上当的人，倒也是很好的。若要当事实去讲，那么我们对证它们本家活猩猩的行动，可惜都是不可靠的了。猩猩的血可以染绛，恐怕也没有科学的证明，虽然传染病有"猩红热"，但那只是一种成语，说鲜红的颜色而已。到了现今，能说话的鸟兽都被证明是哑巴了，不，叫是能叫的，作出种种声音，不过不能人一样说话罢了。

鹦鹉以及八哥等鸟，善于学习别种动物的叫声，有时候也能学一两句人的声音，那是真的。但鹦鹉八哥的学人话，原只是声音相像，未必真是懂得意思，能够问答对话，因此有些故事里所传述的美谈，如说八哥叫穷人卖它给富家小姐，随后又脱身逃回，就都等于狐鬼故事的不可信凭了。只有唐朝陆龟蒙有一段故事，说一个阔太监路过他的住处，看见他的一只花鸭，用弹丸打得。陆龟蒙听了不答应，说这鸭正在教它说话，要去献给皇帝的，太监大窘，赔偿一笔款项，才算了事。后来他问主人，这鸭到底能说什么话呢？对曰，学了不久，刚才学会能自己叫名字而已。鸭鸣呷呷，能自呼其名，这才真是能言呀！

犀牛

犀牛来到北京动物园了，因为这是珍客，访问的人特别的多。犀牛与象及河马，都是厚皮动物，是古生物的近亲，所以样子都生得有点古怪，是值得一看的。不过看活的犀牛，有一件事要注意，它撒尿撒得极远，一不小心会得浇上一身的。犀牛不比河马，它在中国载籍上往往常见，和象相提并论，它们一个有角，一个有牙，都是珍贵的东西，河马便相形见绌了。

我们最是记得的，也是一种较早的记载，那是《左传》里一首歌谣。宋国华元去伐郑国，被俘逃回，出来巡视筑城，筑城的工人做了一首顺口溜来讽刺他道：

睅其目，皤其腹，弃甲而复！

于思于思，弃甲复来！

华元听了，叫骖乘者答歌道：

牛则有皮，犀兕尚多！

弃甲则那！

筑城者再作转语道：

纵其有皮，丹漆若何？

这歌的滑稽还在其次，我们觉得重要的，乃是古人取犀兕的皮做甲胄这一件事。在用弓箭的时代这很有用，但是传说犀牛的皮能够抵抗枪弹，却是假的。据说从前有一个英国兵士，亲自在印度德里试验过，他用来福枪击一只犀牛，却一下子倒了下来，这使他大吃一惊，可是使他更吃惊的，后来他的团队却因此出了一千镑做赔偿。所以犀牛皮做甲胄这事，也因用了火药而结束了。犀牛的见重于世，还有一件便因为它的角，说是能够“解诸毒药”，如《抱朴子》所说。一只犀角在许多年前要卖一百英镑，据一九二九年纪录，在一年里有一千多只犀牛被捕杀，就只为供给中国的需要。这种迷信据说在某种阿拉伯人的部落也有，以为持有犀角所做的酒杯，可以免于被人酒里下毒。中国现存也多是犀角杯，原因亦是为此，但在现代这已经没有必要了。免除这个迷信，一年中可以保存不少只犀牛，在现今这种动物不很多的时候，似乎也是好事。至于入药用的问题，因为不懂这种特殊的药性，所以姑且保留，不来多说了。

象在动物园中向来就多有，犀牛这回也来了，就只差一种河马，希望它也能够光临，使得动物园热闹一点。

关于河马

河马对于我们是有点陌生的，不但我们难得看见河马的面，就是在中国过去的书本上，也不能时常碰见的。它的名称虽然是很好的中国语，一点都不觉得生硬，考究起来乃是完全外来的，意思是说“河里的马”。但是说也奇怪，当时给它起这名字的希腊人虽说它是“马”，而实在它乃是猪的一属，只看它的身样和蹄爪就可知道了。据说它身高五尺，长达一丈六尺，连那条小尾巴计算在内，重约四吨。这与犀象同是庞然大物，全世界无与伦比。可是它们天性素食，只以植物性的东西为食，有人说假如它们是肉食动物，那可要不得了。

河马系水陆两便的动物，在陆地比较不大方便，跑起来也有人那么快，但是到了水里，那是它自由的天地了。它的耳朵鼻子生的很特别，可以关闭起来，不会进水，又都生在头的上方。眼睛鼓出，全身没在水里，可以露出水面。它又会在河底奔走。河马的食物是水草，它的食量很可观，据说河马的胃长约十一尺，可以装得下一石二三斗的东西下去。

河马的用处是很大的，在非洲一带的河川里，水草的发生很快，往往阻塞了河道，这便亏得河马吃草，有疏浚河道之功。而且肉也可以吃用，非洲猎取河马，用一根木头撑住它的大嘴，四脚都用巨绳捆了，正像捆猪一样。河马的皮极厚，约可两寸，可以制作马鞭或是行杖，这只要依照所需的尺寸切好，干燥之后，加工做好，看去像是琥珀的样子。河马的牙也同象牙一样有用，我前回说犀象有牙角，河马相形见绌，是不顶确实的，只是它不及象牙犀角的常见，但因此也更为珍异了。

河马在欧洲也不多见，除了罗马帝国以外，英国伦敦动物园在一八五〇年才得着一只活的河马，是从小养大的，其珍贵可想而知了。中国以前恐怕从来没有过，因为这要从非洲来，道路非常辽远的，似乎历史上也没有过，所以我在《犀牛》一文中说及一句。但是后来知道这里有错误，因为北京动物园图上水禽湖的北边有“河马馆”，可见有河马了。据说这里河马有两头，不算很大，上文所说只是最大的概观罢了。

大虫及其他

中国向来称老虎是百兽之王，在《战国策》里“狐假虎威”的故事中便已这么说，后来许慎在《说文解字》里也解说虎字云：“山兽之君也。”可见由来久矣。但是后来道听途说，硬把这头衔送给了狮子，说“狻猊食虎豹”，这里受了西域的影响；及西洋文学进来，寓言里往往恭维狮子，自此以后，那百兽之王便由狮子接替了去。这其实是不公平的，狮子也自有其伟大的地方，但东洋传统的说法别有真实性，非加以订正不可。民间故事如“老虎外婆”和“老虎怕漏”，它都是重要的脚色，这不是狮子所可以替代的。这些都是喜剧，都说它倒了霉；但正惟其为百兽之王，所以倒霉特别有意思，如果说“熊外婆”或“狼怕漏”，那就没有什么意义了。

《水浒传》里说武松打虎，最是脍炙人口，也因这是艰巨的工作，不是人人所能做到的。但究竟说书的人没有经验，说的不能确切。第二十七回云：

原来那大虫拿人，只是一扑一掀一剪，三般不着时，气性先自没了一半。

金圣叹大为赞叹，批语里说道："才子博物，定非妄言，只是无处印证。"到了现在，动物的各种习性已渐明白，可以证明上边的话是没有根据的。据说这种食肉兽捕食，只在一扑，这是百无一失的，万一失败，还是从头再来，亦不用一掀一剪，若是这再不着，便只罢休，反正获物多是快腿的动物，既经逃脱，没法去追，它也决不追赶的。至于扑上去之后，用牙齿咬住喉咙或是脑后，那么的一摆头，便把获物摔倒，脊骨折断；假如这是庞然大物，便咬断脚筋，再把它拖到别处去吃。老虎虽有很大的力气，能够把野牛拖走，但是它并不是把获物驮在背上运走的，如一般传说那样。它不一定要吃人，但是母老虎在哺养小虎的时候，假如缺少食物，或者是年老无力捕物，吃过人知道了味道，那末就在乡村邻近地方走动，窥伺人畜了。

老虎与狮子都是猫的一属，有许多相同的地方。它喜欢的时候，也同猫一样的打呼噜，并且爱把身子和人的腿相摩擦，据德国马戏驯兽的人所说，不小心时会得被它挤倒。在发怒时并不吼叫，也同猫一样的喷嘶，那时最是危险的时候，因为它将扑过来了。猫类是很阴的，都很沉默，唯独狮子不大一样，它有时吼叫，声音宏大可怕，佛教说狮子吼是很好的比喻，但在攻击敌人的时候，也是不则一声的。

狼的故事

我们提起狼来，谁都有一种反感，因为在于有害的猛兽中间，只有狼最是贪残，也最是怯弱，值得憎恨。抗美援朝的时候有一句口号，叫“打倒美国狼”，正是最适切的比喻。

从前看过瑞典斯文赫定的《中央亚细亚旅行记》，说那里狼多得很，本地人用一种钓狼的方法极是特别。那旅行记上有一张插图，画着一辆马车，两匹马牵着，身上都穿着甲一样的东西，车上几个人，一个拿着短刀，一个拿着藤条做的圈套，在旷野上跑着。马车的周围全是狼，黑压压的挤作一片，看去煞是可怕，有些狼往车上扑去，拿圈套的人便往狼那边套，套住了往上拉，上边拿短刀的人就动手剥狼的皮，剥了皮再把狼往车外扔去。车外的狼群便都奔过来，把没皮的狼肉分吃了，又跟着马车跑。这一景象，是狼群所独有的，它不但对别人凶恶，就是自己同类的肉也是要吃的，结果还是敌不过人给钓了去。

中国讲故事的书里，狼不大出现，也没有很好的故事。《聊斋志异》中有两则，其一说一人遇见两只狼，此人避在稻草堆下，持短刀自卫，一只狼蹲在面前，良久不去，假装打盹，他乘隙砍死狼，回过身去，却见另一只狼已经从稻草堆打洞过来，预备前后夹攻，可是也立即被他发见杀死了。又在某书说有人遇狼，上树躲避，群狼大集，听一个首领指挥，在树根叠累起来，先是四只，随后三只两只，末后首领攀登顶上，几乎可以够得着了，其人惶急[1]，刀砍第一只狼的头，首领既死，狼随逃散。这两则说狼的智慧未免有点理想化了，据说它实在没有这样聪明，实际的情形只是欺软怕硬罢了。

【锺校】

①“急”原作“皇”。

孙仲容论动物

孙仲容是清末的经学大师，以治《周礼》和《墨子》著名，但是思想极新，了解许多新学问，其意见多为从前的人所无。例如在他的文集《籀庼述林》的一篇《与友人论动物学书》中有云：

> 非徒《山海经》《逸周书·王会①》所说珍禽异兽，荒远难信，即《尔雅》所云比肩民、比翼鸟等等，咸不为典要。而《诗》《礼》所云螟蛉果蠃，腐草为萤，以逮鹰鸠爵蛤之变化，稽核物性，亦殊为疏阔。今动物学说诸虫兽，有足者无多少皆以偶数，绝无三足者，《尔雅》有鳖三足能，龟三足贲，殆皆传之失实矣。

他对于古人凭了想象，不合事实的事物，悉归之于失

【锺校】

①“逸周书·王会”原作“周书·王会”。

实，这是很对的。有如比目鱼原是有的，但因此推想它有比肩民，那就不对了。比目鱼原来有两只眼睛，只是挤在一处，都长在一边罢了，便说它每片只有一只，必须双片合起来，才能游行，那便是不合事实。海边比目鱼多得很，各个游泳着，人们不是多看见的么？比肩、比翼之说，简直是不可能，不过传说上比翼的故事也很美丽。当作一件故事说说，那倒也未始不可罢。

古来传说，常说有怪物，往往一只脚或三只脚的，如山魈或是三脚蟾之类，这如孙仲容先生说明，也是不可能的，因为现在动物所证明，凡足都是偶数的。三只脚的倒还罢了，一只脚的例如跳跃而行的山魈，还有《山海经》图上所有的“夔”，形状完全如牛，就只有一条腿，生在相当大的身体上，小时候每次看见这个图，与其说是怕，倒还不如说急，替它着急这怎么站得稳。儿时玩火漆做的要货，有绿色的三脚蟾，看惯了没有什么，但是一经说明，觉得这也是不会有的。民间传说更是妙得很，说癞虾蟆本来好端端的是四条腿的，不幸被毒蛇捕获，却不知为什么原因吞不下去，得以保存生命，但脚却是中了毒，烂掉了一只，成为奇数了。所以三脚蟾很难遇见，而且是很有毒的，只有刘海戏金蟾养了一只，也只见之于有些图画罢了。至于山魈，那是鬼怪，一足不便走路，但怪物不可以常情论，他或者可以有他的走法，不在动物之内了。无神论者自然并不信有鬼怪，不过那是与上文所说又是一问题，不在本文范围里面了。

避讳改姓

中国古时候的人，忌讳自己的和父祖的名字，很是可笑，底下的人犯了讳，便要大发雷霆，若是朋友们不小心，说错了话，要是触犯了父或祖的“嫌名”，即是同音异义的字，也必定要大哭而起，弄得人家怪难为情的。陆放翁《老学庵笔记》里有一则云：

> 田登作郡，自讳其名，触者必怒，吏者多被榜笞，于是举州皆谓灯为火，上元放灯，许人入州治游观，吏人遂书榜揭于市曰，本州依例放火三日。

因为讳登的嫌名，遂忌灯为火，结果是“只许州官放火，不许百姓点灯”这句典故，遂流传下来了。州官且尚如此，何况皇帝老爷，他要避起讳来，自然更是了不得了，弄得许多字残缺不全，有如“胤”字的丢了右边胳膊，“颙”字不见了两只脚之类。幸而这种字用处不多，不大受影响。“玄”字因康熙名字的关系，改写作“元”，不但意义不对，而且声音各别，便一塌糊涂的改了：譬如玄色本是黑色，今如称为元色，岂非[1]指的本色乎？又凡如道教关系的“玄”也都改从“元”，于是苏州一个“玄妙观”，北京一个“崇玄观”——历史上有名的“曹老[2]公观”，自从改名以来，永无翻身复姓的希望了！元妙观与崇元观，本来念得顺口了，谁也不想来改，所以也就不妨将错就错的叫下去了。

但是有人因为避讳，把姓都改了的，那可不是一事。从前刘大白民国初年将原来金姓复姓为刘，据说是避吴越王钱镠的讳，那已是一千年前的事了。二百五十年前，清雍正叫姓丘的一律改姓“邱”，以避孔子的讳，并且要读作“几”以示区别，这字一改直到今日，似乎应该复元了吧？纪晓岚说过一件故事，乾隆时有过这么一回事：当时有一块坟地，两家争讼，一家姓邱，持有老契，系康熙年间立的，证据确凿，所以胜利，但别一姓却终不肯相让。这知县颇肯用心，觉得可疑，所以细心研究，终于发见这契纸是假造的，理由是康熙年间不可能卖田给“邱”姓的。我

【锺校】

①“非”原作“本”。

②“老”原作“志”。

在《阅微草堂笔记》中见到此事，多年不曾忘记，总想有机会告诉一声姓“邱”的朋友，这个本来面目现在可以恢复了。只在雍正以前书中去找，左丘明，丘迟，丘为，都没有花耳朵的，即此便是证据。

夸父追日

陶渊明古来都当他作隐逸诗人，这是皮相之见，其实他是很积极的，最明了的表示是他的《读山海经》的诗。这诗一共十三首，第一首八韵是他用平常的《归田园居》的情调，所以读来不觉得，到了末五首，便变作慷慨激昂，引起人家的注意了。《山海经》里记述下来的微少的一点古代神话，经他保存引申，实在比屈原的《天问》还要可贵，至于声调更比较要激越的多了。第十首最为世所知，如云："精卫衔微木，将以填沧海。刑天舞干戚，猛志故常在。"固然最是明显，但第九首云：

夸父诞宏志，乃与日竞走，

俱至虞渊下，似若无胜负。

神力既殊妙，倾河焉足有。

馀迹寄邓林，功竟在身后。

本来精卫、刑天与夸父都是以失败终的人物，然而作者并不是这种看法，却说道“猛志故常在”，又道“化去不复悔”，表示勇往直前的精神。夸父的事据注文云：

> 夸父不量力，欲追日影，逮之于禺谷，渴欲得饮，饮于河渭，河渭不足，北饮大泽，未至道渴而死，弃其杖，化为邓林。

汪双池著《山海经存》卷八云：

> 考此书所屡言夸父，大抵不量力之人，欲穷日出入之所而不能至，遂道困而死，如穆王之欲周行天下者耳。

明明说他不自量力，妄欲追日，但陶渊明并不责备这点，反加以称赞道“功竟在身后”，而且他对于穆王的周行天下的志愿，并不厚非，所以在第三首结末说道“恨不及周穆，托乘一来游”了。

陶渊明歌颂中国古代神话里的人物，在后世得到响应，除周穆王有《穆天子传》外，其他的精卫、刑天、夸父诸人的故事，差不多通过了他的诗而流传下来；里边特别是夸父，流传得更是广远，因为它已超越了文人学士的范围，在民间故事中已有一席地，那么这“功竟在身后”的评语，岂不是确切不过了么？

据地方传说，大概是属于湖南地方罢，夸父要追上日头，从丹渊跑起，一直向南奔去，到了湖南辰州的时候，日头还没有过午呢。他肚子饿了，便拿一个锅子，架在三座大山顶上，煮了一锅饭，吃了之后，心想把这锅灶做追赶日头的证据。他就对当地的人民说，我是共工氏的后代，叫做夸父，于本年本月本日午时，追日到此。至今辰州东边，还有一座山，就叫作夸父山。

夸父一直赶着太阳走，眼看日影渐渐西沉，走到甘肃的安定县地方，忽然觉得一只鞋子要掉了，他把它抖了一抖，然后再追，以后此地便叫“振履堆”。到了虞渊，终于他把日头追上了，但是走近日头，热不可耐，他便用手捧黄河与渭河的水，喝了一阵，喝光了还不够，终于渴死在路上了。人民佩服他的勇气，把他埋葬了，他的大木杖便植在坟头，做个纪念，后来竟变成一个大树林子，叫做邓林，又名夸父之野。

这个传说不知道出于何处，我也是传抄来的，大抵根据《山海经》而演化出来的，中间有地理的引证，或者由文人润色亦未可知。现在大家都想向月亮进发的时候，回头看追日的英雄，也不能以不量力一语抹杀，觉得诗人的称赞是正当的了。

无鬼论

报载达尔文尺牍全文发表，关于宗教问题，证明他是无神论者。西洋的无神论者，除唯物论的共产主义者以外，甚为难得，有话也不能发表，或者隐藏一点，变成“不可知论”者而已。严幾道介绍孟德斯鸠，在《法意》的小传上说，他临死时牧师问他道：你现在知道“帝力之大”吗？孟德斯鸠回答道：“唯，吾知帝力之大如吾力之为微。”他的态度，始终对于天主是不敬的。我们当时读了很感兴趣，觉得他的勇气为不可及。

但是在中国古代，就是“神灭论”也还不成什么问题，梁武帝亲自出马，加入讨论，范缜终于不服，也并没有关系。可是成问题的乃是“无鬼论”，因为这不是宗教上的，乃是伦理上的问题了，说“无鬼”便是不认祖宗有灵，要牵涉到非孝上去了。史传上明说主张无鬼论者，有阮瞻遇客相诘难，旋化为鬼而灭。又宗岱有鬼化书生访之，说：“君绝我辈血食二十馀年。”阮瞻、宗岱之说不传于后，但从理性上说来，都可以达到，所以虽不明说，但中国文人多半是无鬼论的，这话似乎不太勉强。

我们首先举出苏东坡为例。他平常喜欢叫人家说鬼，人家说没有可说的，东坡曰：“姑妄言之。”这就是根本不相信有鬼，所以可以随便的胡乱讲一气，只是不点破罢了。以次再举作《聊斋志异》的蒲留仙来说，他自已不说明，但我们看王渔洋给他的题诗，可以知道：

姑妄言之姑听之，豆棚瓜架雨如丝，

料应厌作人间语，爱听秋坟鬼唱诗。

引用的也是这“姑妄言之”的典故，可见是同一的态度。《聊斋志异》据说原称“狐鬼传”，似乎是信有狐鬼而作的了。但那种描写入微的写法，正是说故事的手段，可见这里所重的是故事本身了。便是写《阅微草堂笔记》的纪晓岚，也以“姑妄言之”名一部书，其用意正是相同。纪晓岚不喜欢宋儒，不相信狐鬼，而无意中上了儒教的当，意欲存劝戒，乃借了这些故事来发挥他的意思，结果乃坠入恶道，其价值落在《聊斋志异》之后远甚，但总之他并不真心相信鬼神的。只有老实的《劝戒近录》的作者们，才是有鬼论的信徒，亦遂不敢放胆的自由的思索，其作品也就毫无生气了。

两个书家

在报纸上得见散木先生的《艺林谈往》二则，很感兴趣，也想记述一点下来。但是我对于当代书画家，不认识一人，所以只好就过去的人去找。这里有两个人很有意思，就是郑谷口和傅青主。

郑谷口的事是他的门人张在辛在《隶法琐言》中所写的。张在辛在四十一岁的时候，问学于郑谷口：

> 初拜郑先生，即命余执笔作字，才下得一画，即曰，字岂可如此写。因自就坐，取笔搦管，作御敌之状，半日一画，每成一字必气喘数刻。始知前辈成名，原非偶然。

因记起绍兴有沈桐生，在民国初年自称大书家，立大旆于门前；其写字时用力极大，每写一笔，辄呻呼以足顿地。当时传以为笑，以后始知亦有所本，但谷口字飞跃跳动，而沈君却极笨重，可知大匠的规矩虽可遵循，而为才力所限，也不一定有同样的效果。

傅青主最忌字有“奴俗气”，他的《家训》，有一则云：

> 字亦何与人事，政复恐其带奴俗气。若得无奴俗气，乃可与论风期日上耳。不惟字。

他主张学写字要由会而至不会，到“不会”了，才能没有所谓奴俗气了。譬如学写“王字”，起初要竭力模仿，要求它像王羲之，到得学到了家，与王羲之相像了，即是“会”了，以后又要努力的去求脱离，这就是由会以至不会，所写的字由王羲之学来，却又不像他了，才可以算是自己能写字了。他说写字要“会”不难，但“会”了要求“不会”，便很不容易，往往一个人一学就成了那一家了。我的一个朋友善写米字，时常诉说，不能摆脱米的影响，可见他这话有理由。据我看来，他的写字尽够好了，但是他自己觉得没有到得“豁然贯通”的境地，所以始终不肯满足的吧。

大凡学一种艺术，都有这一种境界，最初是竭力钻研，进到这核心里去，既然到达，就要再钻过去，通过相当的时间，仍然出来，这就是所谓“自成一家”，有独立的价值了。

题画

在图画上大片的题字，中国古代大约是没有的事。唐宋以前的画，大抵是画事实，如古代圣贤，神仙，列女，画家署名以外，不另写什么字，有时必要加点说明，如“孔子见老子”之类，有如“连环图画”那么样。画上有题字，当是起于“文人画”盛行之后。那时画家兼是文人，书法是其所长，所以和画配合起来，也是别有风致的。但是我们看古人的题跋，例如“东坡题跋”，那是其中顶有名的，许多篇题跋简直是独立的小品文，可是绝少是写的画面上的，大都是书法的跋尾居多，而且照例是与本文同样，另写在一张纸上。在画面上，也要留下一定大小的空白，庶几与画相调和，画家自己懂得这个道理，也不会自己来破坏它，要题字也留好地位，不肯乱占画幅的空白的。近代二百年来，这风气似乎很盛，郑板桥的写竹题记等有好几卷，可以知道。但题得乱七八糟的总还没有，因为题画者也还是懂得画的人，所以题起来也还有分寸的。

中国第一个题画题得糟糕的，便是清朝的乾隆皇帝，多少好画都给他题坏了。乾隆好做诗题画，但诗既做得特别不通，字又写得甜俗，题的时候又必是居中一大块，盖上一个御玺，很是难看。他的题画诗句一时记不得了，但在碧云寺有御诗碑，有云："越岭遂以至碧云。"又题《知不足斋丛书》云："知不足斋何不足，渴于书籍是贤乎。"这句法与《绿野仙踪》里那塾师的"媳钗俏矣儿书废，哥罐闻焉嫂棒伤"，佳妙正是一样。《绿野仙踪》是一部坏书，但这里讽刺乾隆皇帝的诗，可以说是妙极了。你想拿这样的诗，写到画上去，诗坏字坏，又题得不恰当，这画岂不是糟了。张鸣珂的《寒松阁谈艺琐录》云：

> 冯黔夫山阴人，游幕章门，善画山水，每署款必在石壁上。谓予曰，此摩崖也。若空处即天，岂可写字。语奇而确，予颇赏之。

照道理来讲，图画最好是不题字，这也是最合于古代的法则，但是文人画的写意与古代写实不同，意有未尽者不妨写下，不过这须要画家自题，不然也是懂得画意的人才能动笔。

兰亭旧址

绍兴的古迹，顶有名的无过于大禹陵与兰亭。禹陵虽然也无可考，现今的那块石碑，乃是知府南大吉根据“堪舆”之学给它来假定的，本来算不得数，但是到底有那一个庙在那里，并有“窆石”的遗物，可以一看。但是兰亭，却没有什么可看的，因其特别有名，也就特别的扫兴。明末张宗子在《古兰亭辨》中说他自己的经验道：

万历癸丑，余年十七，以是岁为右军修禊之年，拉伴往游，及至天章寺左，颓基荒砌，云是兰亭旧址，余伫立观望，竹石溪山，毫无足取，与图中景象相去天渊，大失所望，哽咽久之。故凡外方游人，欲到兰亭者，必多方阻之，以为兰亭藏拙，因此裹足不到，又六十年所矣。

据说现今的所谓兰亭的，乃明朝永乐二十七年一个姓沈的知府所建造，只因其地有两个池，乃构亭其上，称曰墨池、鹅池，其实王右军在那里修禊[①]，不见得带了鹅去，也用不着特地挖一个池养它。至于甃石为沟，引田水灌入，摹仿曲水流觞，尤为儿戏。宗子说："盖此地撇却崇山，推开修竹，制度椎朴，景色荒凉，不过田畴中一邮表畷耳。"至今游兰亭的人也都是这一样的印象，觉得这顶有名的地方，实在却是最无聊了。所以我从前劝去游览的人，以水路至娄公埠，陆路自娄宫至兰亭为止，因为这一路总还是"山阴道上"，值得一看，到了目的地便没有看的价值了。

但是，如宗子的文章中所说："右军文人也，韵人也，其所定亭址，必有可观。"照这个标准在近地寻去，或者可以找到旧址，也未可知。果然于天章寺之前发见一块地方："所谓崇山峻岭者有之，所谓清流激湍者有之，所谓茂林修竹者有之，山如屏环，水皆曲抱。"兰亭古迹，埋没千年，复为后人发现，大是可喜的事。时为清康熙癸巳年，距今不过二百八十年。

若由有眼识的人前去天章寺左近察看，必可找

【锺校】

①"禊"原作"楔"。

到。以后政府修葺兰亭的时候，便可在新发现的旧址，建亭以志遗迹。其地既然有“溪山竹石”之美，恢复旧观，则别无多少建筑，也不妨事，只要有几楹屋供游人休憩，便已足矣。其昔时所造的亭，可留存以资比较，如有好奇之士，于游览兰亭之际，不妨两边都看一下，看到底哪一方面近似真的兰亭。

塞浦路斯

我们近时看报，常见到塞浦路斯的名字。这个地名同时给我两个不同的感觉，其一是愉快的记忆，其二是不愉快的印象。

现在先从不愉快的讲起。英国占据塞浦路斯岛，不肯归还给希腊，对于爱国的岛民加以虐杀，最近还伙同法国把这岛作为侵略埃及的根据地，这些事实已是世间周知，无须赘说的了。我说不愉快，是单指这塞浦路斯的名字，因为这是英帝国侵略希腊的象征。这岛的原名是库普洛斯，就是照现代希腊语说也是吉普洛斯，不能读作别的。但自从用拉丁字母改拼之后，“克”“于”两字母依照英文读作“斯”“埃”，结果“库”字非读“塞”不可了。从我们主张这岛应属于希腊的人看来，“库普洛斯”读作“塞浦路斯”这一件事，与英国强占这地方，同样的是不合法的。但是英文的势力在中国一直很大，大家无可如何，这也只好个人感觉得不愉快而已。

库普洛斯是地中海东南方的一个大岛，面积约有二万方公里，古代由腓尼基和希腊移民建设起来，虽然过去曾为埃及、波斯、罗马、土耳其所统治，但根据人民与文化来说，其属于希腊是没有问题的。这地方与希腊神话有分不开的密切关系，因为那恋爱女神阿孚洛狄忒是在那岛上诞生的。她乃是希腊神话上的一个外来的女神，所以地位不见得怎么的崇高，可是关系很是重要，力量也非常伟大。荷马的史诗《伊利阿德》写特洛亚的战役，便以她为起因，因为没有她帮助特洛亚王子帕里斯去抢走斯巴达王后海伦，这战事是不会起来的。可是希腊古诗人虽然强调恋爱，神话上却只有一个男神厄洛斯，乃是爱的人格化，说他与天地并存，很有点抽象的。恋爱女神兴起于小亚细亚各国，大抵大同小异，腓尼基的阿斯塔耳忒与阿孚洛狄忒最相近，她的渡到希腊去可以推想是由库普洛斯的腓尼基人介绍的。神话上也有弥缝的说法，说阿孚洛狄忒是大神宙斯的一个女儿，把她收入到神的大家庭里去，但一般的看法却不一样，因为阿孚洛斯一字义云水泡，所以解释作是海水泡沫所化生（一种不雅驯的解说，今从略），而这地方乃是库普洛斯岛，所以她的一个别号即是库普里斯，意云库普洛斯的女人。阿孚洛狄忒这名称比较生疏点，罗马人叫她作威奴斯，一般更是通行。我们固然并不一定怎么崇拜她，但是在文艺上看见得多了，说起库普洛斯，便容易联想到库普里斯，多少是一种愉快的事情。古代诗人叙述神话，并不讲什么考据，但有鉴于这女神的香火在库普洛斯特别旺盛，所以把这地方作为她的故乡的吧，可是无意中这与阿孚洛狄忒从腓尼基人来的事实也正是相合的。

我想同恋爱女神在神话故事上总是胜利一样，在争自由与独立的斗争上库普洛斯也终于会得胜利，塞浦路斯的不合法的名字将要消灭，让我们高声呼号：日多吉普洛斯！库普洛斯万岁！

图书在版编目(CIP)数据

木片集/周作人著作;锺叔河编订. —长沙:岳麓书社,2020.10
ISBN 978-7-5538-1213-7

Ⅰ.①木… Ⅱ.①周…②锺… Ⅲ.①散文集—中国—现代
Ⅳ.①I266

中国版本图书馆 CIP 数据核字(2019)第 284632 号

MUPIAN JI
木片集
周作人著作　锺叔河编订
特约编辑:鄢　琨
责任编辑:蒋　浩
责任校对:舒　舍
书籍设计:风格八号

岳麓书社出版发行
地址:湖南省长沙市爱民路 47 号
直销电话:0731-88804152　0731-88885616
邮编:410006

版次:2020 年 10 月第 1 版
印次:2020 年 10 月第 1 次印刷
开本:787mm×1092mm　1/32
印张:5.125
字数:80 千字
印数:1—6 000
ISBN 978-7-5538-1213-7
定价:24.00 元

承印:长沙鸿发印务实业有限公司

如有印装质量问题,请与本社印务部联系
电话:0731-88884129